上司がAIになりました

10年後の
世界が見える
未来社会学

橋爪大三郎

KADOKAWA

Generative AI And Business Revolution

by Daisaburo HASHIZUME

KADOKAWA CORPORATION, Tokyo, 2024:10

はじめに

明日はあるのか。

未来はあるのか。

あるとも言えるし、ないとも言える。むずかしい問題ですね、と哲学者は言う。

何億年か前、大きめの隕石《いんせき》が衝突して、恐竜が絶滅した。また隕石が衝突すると、人類文明は滅んでしまうだろうという。未来はあるとは限らない。

＊

まだ存在しない未来を、証拠にもとづいて語ることはできない。未来は「科学」できない。だから専門家はたいてい、口をつぐんでいる。わずか一〇年先のことでも。

では未来は、存在しないと考えればいいのか。その反対だ。存在するはずだ、とみんな思って生きている。

子どもや孫は、未来をこれから生きて行く。その未来を、親たちは心配しないわけにはいかない。想像力を働かせて。現実の問題として。

政治家も、ビジネスパーソンも、市井の人びとも、あなたも私も、誰もが未来に思いをはせ、よりよい未来を築こうとしている。専門家が口をつぐんでいても、人びとは未来のことを考える。それが人間の、当たり前の責任だ。

＊

社会は少しずつ進んでいく。気がつくと、だいぶ前とはずいぶん変化している。

新しい技術が生まれると、社会は確実に変化する。それまで出来なかったことが、出来るようになる。新しい職業が生まれ、新しい産業が生まれる。それを織り込むように、社会は変わっていく。

火薬が、航海術が、蒸気機関が、鉄道が、自動車が、コンピュータが、世の中を変えてきた。生成ＡＩも世の中を変えるだろう。

この本は、新しい技術が新しい未来をつくり出す可能性について、目一杯背伸びをして考えてみる本である。証拠はあるか。ない。でも、説得力があればよい。説得力があれば人びとは、それを前提に動き始める。未来は、まだない社会を、人びとが力を合わせてつくりあげるという作業なのだ。

それではどうか、あるかもしれない未来をごらん下さい。

上司がＡＩになりました　10年後の世界が見える未来社会学　目次

第2章 上司がAIになりました …… 79

装幀　秦　浩司
DTP　エヴリ・シンク
校正　パーソルメディアスイッチ

序章

頭のいいオウムvs「地頭」の人間

二〇二二年一一月三〇日に、ＣｈａｔＧＰＴが公開された。アメリカのサンフランシスコに本社を置くＯｐｅｎＡＩという会社が、発表した人工知能（ＡＩ）ソフトだ。質問すると、なめらかな言語で答えてくれる。しかも、内容がかなりしっかりしている。日本語にも対応していて、無料で利用できる。公開と同時に爆発的なブームを巻き起こし、ユーザーはわずか二カ月間で、世界で一億人を突破した。

二〇二三年の前半は、ＣｈａｔＧＰＴの話題で持ちきりだった。まだ記憶に新しい。

生成ＡＩ

コンピュータに、人間と同じように、ものを考えさせることはできないか。人工知能（Artificial Intelligence：ＡＩ）の研究は、コンピュータが思いつかれると同時に始まった。

コンピュータは、計算が得意である。記憶も得意である。人間とは比べものにならない能力を発揮する。

けれどもコンピュータは、人間がふつうにやっていることをやらせるのがむずかしかった。たとえば、ふつうの言葉（自然言語）に応答する。ものを見分ける。何かを判断する、などなど。

研究は手さぐりで進み、しばしば頓挫《とんざ》した。ひとつには、コンピュータの性能がまだ大したことがなかった。もうひとつには、コンピュータに何をやらせると人間の知能に近づくことになるのか、そのアイデアがなかった。だから、人工知能の研究は、ちっとも先に進まず足踏みを続けてきた。

＊

ＣｈａｔＧＰＴの開発に結びついたのが、トランスフォーマーというモデルだ。トランスフォーマー（Transformer）は、二〇一七年に、グーグルの研究者らが論文にして発表した。どういう考え方か。

人間の言語は、いくつもの言葉（単語）が並んで、できている。単語はばらばらなわけではなくて、互いにつながりをもっている。このつながりの度合い（重み）を、厖大《ぼうだい》な言語データを読みこむことで、蓄積していく。この重みを使って、ある言葉の後ろにどういう言葉の列がつながっていくかを、予測するのだ。

それまでにも、句構造文法とかディープ・ラーニングとか、いろいろな試みがあった。トランスフォーマーは、厖大な言語データの言葉の列の背後に隠れている関係を推定するのに、すぐれている。

ChatGPTのあらまし

GPTとは、Generative Pre-trained Transformer の略。訳せば、「生成的事前学習済みトランスフォーマー」。トランスフォーマーの一種である。

GPTは、大規模言語モデル（Large Language Model：LLM）を前提に動く。大規模言語モデルとは、文字通り、人間の発したありとあらゆる言語情報をウェブ上でかき集めて構築したモデルである。この構築には巨額の費用がかかる。GPTは、GPT－1、GPT－2、GPT－3、と進化し、二〇二三年三月にはGPT－4が公開されている。

生成的（generative）とは、あらかじめすべてプログラムしておくのではなく、データを処理していくうちにふるまいを学習していくこと。生成（generate）はもともと数学用語で、集合の要素の一部が、残りの要素を、演算によってうみだすことをいう。言語学でも、この考えを発展させていて、チョムスキーの生成文法（generative grammar）が重要である。

事前学習済み（Pre-trained）とは、大規模な言語データをあらかじめ読みこんで、適切に反応できるように整えてあること。

トランスフォーマーは、生成AIの一種。文章が入力されると、それにふさわしい文章を出力する、変換器である。

ＣｈａｔＧＰＴは、ユーザーが文章を入力すると返事を返す。チャットボットとよばれる会話ロボットの一種だ。その性能が並外れている。ためしに、難関で知られる資格試験や入学試験の問題を解かせたところ、合格点が取れた。なかなか優秀である。かなり話題になった。

＊

要するに、何をしているか

さて、ここまでは、どんなＣｈａｔＧＰＴの入門書にも書いてある。人工知能のなかみをもっと詳しく知りたいひとは、そうした本をみてもらいたい。

本書が考えたいのは、その先である。

＊

まず、確認しておく。ＣｈａｔＧＰＴ（に代表される生成ＡＩ）は、何をしているのだろうか。生成ＡＩのメカニズムやプログラムは、この際どうでもよい。大事なのは、つぎのことだ。

生成ＡＩは、

○人間が、なにか質問すると、それにふさわしい回答をする。
○その回答は、人間の答えと同じようで、不自然なところがない。
○その回答は、十分に信頼できる内容である。

生成ＡＩは、人間ではない。人間ではないのに、人間と同じようになめらかで自然な言語によって、適切で正しい回答をする。**人間ではないものが、人間と同じように言葉をうみだしている。**これは歴史上、かつてなかった出来事だ。

＊

この出来事は、どんな衝撃（不可逆の変化）をわれわれ人間社会に与えるのか。とりわけ、人間の働き方（ビジネスやマネジメント）はどう変化するか。社会学の角度から、この問題をなるべく先まで考えてみたい。

これが、本書の課題である。

生成ＡＩは考えているか

生成ＡＩは、質問されると、自然に答えを返す。
人間は、質問されると、自然に答えを返す。

このふたつは、同じことか。

＊

外側からみると、起こっていることは同じだ。出来事として、区別できない。

内側からみると、どうか。内側からみるとは、まず、当の人間からどうみえるかということである。

人間の場合。言葉と並行して（相前後して）、思いがある。こう言うことにしよう。こう言わないことにしよう。思いを表すための言葉を選ぶ。言葉に表れない思いが残る。言葉とうらはらな思いがしまわれる。思いとの関係で、あるいは思いより先に、言葉が紡がれていく。

生成ＡＩの場合。言葉と並行する思いは、ない。生成ＡＩは、何も考えていない。そもそも意識がない。自分がない。あるのは、入力（質問）から出力（回答）を導き出す計算メカニズムだけだ。

この計算メカニズムは、ニューラル・ネットワークという仕組みで動いているという。「ニューラル」（神経の）という言葉がついているが、それは神経細胞の信号の伝え方にヒントをえたモデルだというだけで、神経ではない。ただの計算の繰り返しだ。

＊

生成ＡＩは、何も考えていない。

グーグルの研究者だったティムニット・ゲブルは、生成ＡＩのことを、「確率的なオウム Stochastic Parrots」（小林199）と言った。聞いたとおりをただ口真似するオウム。何も考えていない。

別な研究者は言った。生成ＡＩは鏡である。何かがあるように見えるが、裏側には何もない。こちらにあるものが映りこんだだけの、錯覚だ。

あるベンチャー企業の経営者は、生成ＡＩに「意識がある」と主張した。使っているうちにだんだんそう思えてきた、というなら理解できる。もしほんとうに意識があると主張しているのなら、病院で診てもらったほうがいいだろう。

頭のいいオウム

要するに、ＣｈａｔＧＰＴは、なにも考えていない。空っぽの計算メカニズムだ。

それなのに、それだけなのに、人間がうみだしているのと、同じレヴェルの言葉を返してくる。このことのほうが驚きなのである。

＊

すると、疑問が湧いてくる。

まずひとつの疑問。生成ＡＩは、なにも考えていないのに、この言語の自然らしさは、どこから来るのか。なぜ人間が話すのと変わりないなめらかな言い回しの回答を、しかも内容の適切な回答を、うみだすことができるのか。

もうひとつ関連する疑問。生成ＡＩには、意識も自分もない。相手もいないし、世界を認識したり理解したりしているわけでもない。それらはふつうの人間の言語にとって、不可欠な前提だ。それを欠いている生成ＡＩのうみだす言語には、どこかに穴があってもよいのに、どうしてそれが目につかないのか。

＊

最初の疑問から考えてみる。

生成ＡＩは、大規模言語モデルを「事前学習済み」である。実際に人間がうみだした、山のような文章を読みこんでいる。そして、それをバラバラに分解し、どの語とどの語が意味が近いか、どの語とどの語が関係が深いか、などの情報をため込んでいる。それらをもとに、適当と思われる語をひとつずつ、確率的に並べていくのである。これまでどこかにあった言い回しを、そのまま記憶し再現しているわけではない。その意味では、オウムではない。けれども、独自の計算メカニズムによって、誰かがいつかどこかで話していても不思議ではない並びの単語の列を、うみだすのである。言うならば、頭のいいオウムである。

ＣｈａｔＧＰＴのうみだす言葉の自然さは、人間のうみだす言葉の自然さに由来する。それをそのままコピーするのでなく、自然さを損なわないようにバラバラにして、もう一回組み立て、並べてみせている。すると人間は、それが自然である（人間が話しているようだ）と「錯覚」するのである。

ＣｈａｔＧＰＴは、人間の「自然な」発言の厖大なデータから、その自然さを再現できる計算メカニズムをつくりあげた。力わざである。すばらしい。けれども、ＣｈａｔＧＰＴそのもののなかに、言葉の「自然さ」をうみだす「精神」がそなわっているわけではない。

＊

第二の疑問はどうか。

ＣｈａｔＧＰＴは、何も考えていないし、意識も身体も自分もない。だから、意識や自分について問われれば、適切に答えることができない。Ｓｉｒｉそのほかのチャットボットも同じだ。

けれどもＣｈａｔＧＰＴは、意識も身体も自分もそなえているふつうの人びとが発した言葉を学習している。ＣｈａｔＧＰＴがうみだす言葉は、それを二次加工して再現したものである。だから、それを読み取る人びとは、そこに自分の似姿を投影し、その言葉の背後に当然、意識や身体や自分がそなわっているかのように感じてしまうのである。

人間はそんなに創造的か

このように考えられるので、人間のうみだす言葉は高級で、生成ＡＩのうみだす言葉はせいぜい頭のよいオウム、のように結論してしまいたくなる。やっぱり人間は偉いよね、と。

けれども、ＣｈａｔＧＰＴがこうも成功しているのをみると、反省しなければならなくなる。果たして、人間のうみだす言葉は、そんなに高級で創造的なものなのか。

＊

人びとが日常に用いる言葉は、定型で紋切り型の言葉が多いのではないか。「おはようございます」「こんにちは」「さようなら」などなど。誰かが亡くなってお悔やみをのべるときなども、定型の出番である。「心からお悔やみを申し上げます」「どうかお力落としのありませんように」。人びとには、あまり定型になりすぎないように、しかし、あまりくだけすぎないように、気をつかう。その結果、当たり障りのないワンパターンにならないだろうか。それならそもそも、人間の用いる言葉が、ＣｈａｔＧＰＴの場合とどこが違うのだろうか。

＊

人間の用いる言葉は、たしかに定型的である。似たような言葉、いや、まったく同じ言葉を繰り返している。

わざとそうしている場合もある気がする。

そもそも、言語は、定型的なものなのだ。語彙が一定している。文法が一定している。急に変わらない（変わってもらっては困る）。だから、定型的なことは言いやすい。定型的なことしか言えない、と言ってもよい。

それでも言語は、ときに創造的である。これまでになかった状況で、初めてのことを、初めて言葉にしている気がする。だからとまどいながら、言葉を選んで話していく。言葉になったあと、自分でもそういうことを話した（話したかった）のか、と発見がある。

人間には、言葉を創造的に使っている、という自覚がある。これはなぜだろう。

もしかしたら人間が、自分は創造的だと思うのは、錯覚なのかもしれない。

＊

ＣｈａｔＧＰＴと、人間が対話するのは、どういう場合か。

何かを書かなければならないのに、自分ではすぐ言葉にならない。そういう場合だ。

知識がないので書けない。それなら調べる必要がある。資料をあさる。検索をかける。それをまとめる。時間がかかった。

ＣｈａｔＧＰＴは、それを一瞬でやってくれる。「資料をあさる。検索をかける。それをまとめる」を、あらかじめ済ませているからだ。質問の仕方にもよるが、これがほしかった、という回答を与えてくれる。だから助かる。そして感心する。

知識はあるのだが、うまく言葉にならない。ものを書こうとすると、誰でもこういう状態になる。そういうとき、何を書くかではなく、何を書きたいのかを言葉にする。するとＣｈａｔＧＰＴが、それを言葉にしてくれる。人間なみのなめらかな言葉で。だから助かる。そして感心する。

ＣｈａｔＧＰＴには、「書けなくて困る」という状態がない。あるのかもしれないが、あまりに短くて、人間にはわからない。だから、人間は、これは自分を上回っている、という印象をもつ。

生成ＡＩは実用的である。

生成ＡＩが、ここまで人間にそっくりで、しかも高性能なのは驚きだ。

＊

人間はしばしば、言葉を書きあぐねる。

そんなとき、ＣｈａｔＧＰＴは役に立つ。これからは、ＣｈａｔＧＰＴ（のような生成ＡＩ）が当たり前のように、誰もの手許《てもと》にある時代になるのだ。

「地頭」は何をしている？

人間は、言葉を話している。

しかし自分が、どうやって言葉を話しているのか知らない。

きっと、複雑で創造的なやり方で話しているのだろう、と思っている。自分を創造的だと思いたいからだ。

「創造的」の反対は、「機械的」だ。ＣｈａｔＧＰＴは、計算メカニズムが特定できてしまっているのだから、機械的だ。機械的なＣｈａｔＧＰＴが、人間の話す言葉とそっくりな言葉をうみだすことができている！　それならもしかしたら、人間は、われわれが想定するよりももっと簡単な、機械的な仕組みによって言葉を話しているのではないか。

これは今回、ＣｈａｔＧＰＴが気づかせてくれた疑問だ。

＊

この疑問には、いまのところ、ＹｅｓともＮｏとも答えられない。

人間の精神のメカニズムがどうなっているのか、まだ理論が存在しない。

意識とは何か、自分とは何か、精神とは何か。その基本的なモデルが存在しない。人間は、意識や自分や精神が、たしかにあると思っている。だが、思っているだけで、それを理解しているわけではないのである。

そのうち、何かの理論が現れ、理解がもっと進むことを期待したい。現状はここまで、ということだ。

生成AIを前提に社会をつくる

ともかく、ＣｈａｔＧＰＴ（などの生成ＡＩ）が、言葉をうみだす高度な性能をそなえていることは明らかだ。

これまで、言葉は、人間がうみだすものと決まっていた。人間以外のものが、まとまった意味のある言葉をうみだすことはなかった。その前提が崩れた。これからは、言葉を巧みにうみだす生成ＡＩが存在することを織り込んで、社会を考えなければならない。

＊

「社会を考えなければならない」と言うより早く、社会はただちに変わり始める。もう変わり始めている。人間が社会のことを考えようと、考えまいと、社会は独自の法則によって変化するのだ。

どうしてか。

社会は、人びとが言葉を交わすことを前提にして、できている。それを織り込んで、さまざまな制度がつくられている。言語は社会の中ではたらく、もっとも基本的な作用なのだ。

だから、文字が生まれたとき、印刷術がうまれたとき、電話や無線がうまれたとき、ラジオやテレビやインターネットができたとき、社会は変化した。生成ＡＩがうまれたら、やはり社会は変化する。その変化は、これまでよりもっと本質的で、大きい変化かもしれない。

その変化はどんなものか。社会は、教育は、ビジネスは、どう変化するか。それを考えてみるのが本書である。

第1章

生成AIは組織文化をぬり替える

1・1 官僚制と文書主義

官僚制は文書主義

マックス・ヴェーバーは言った。**近代社会は、官僚制が支配的な社会である。**

官僚制（bureaucracy）は、政府職員の組織に限らない。民間の企業（株式会社）がそうである。そのほかの団体や事業主体も、多くがそうである。近代社会の重要な集団は、ほとんどが官僚制でできている。

ヴェーバーはまた言った。**官僚制は文書主義である。**業務は、書類によって進行する。起案し、審議し、決裁する。契約も、命令も、報告も、資料も、書類で残しておく。どのポストのどの人間がいつ交代しても、業務が滞りなく進行するように。

以上は近代社会の常識だ。あまりに当たり前で、ほかのやり方を思いつかないほどだ。

生成ＡＩは革命的

このことを踏まえると、生成ＡＩが、文書をいくらでも生産できるようになったのが、どれくらい革命的なことかわかるだろう。

これまではすべての文章を、人間が書いていた。頭をひねりながら。規則や先例や状況を参照しながら。時間がかかった。コスト（人件費）もかかった。できあがった文書の質もばらつきがあった。間違いもあった。そのため、意見をまとめたり、修正したり、それなりにちゃんとした最終版に仕上げるまでに、時間がかかった（時間もコストだ）。それが組織の「仕事」というものだと思っていた。

＊

ところが、生成ＡＩが現れた。

生成ＡＩは、こちらの要求に応じて、十分に詳細な文章を作成してくれる。きちんと指示すれば、そのまま使えそうである。しかもワンクリック、時間がかからない。生成ＡＩを執筆アシスタントのように使えば、業務が劇的に改善するだろう。

だから企業や官庁は、生成ＡＩの使用に前向きである。

生成ＡＩは仕事の効率をあげる。生成ＡＩの使用に後ろ向きな企業は、たちまち落ちこぼれていくだろう。

店頭に山積みになっている「これが生成ＡＩだ」「ＣｈａｔＧＰＴで変わる職場」みたいな本は、その末尾を、これからの仕事のやり方のヒントでしめくくる。変化について行きましょう。電卓やコンピュータが登場したときみたいだ。

でもそんなに簡単か。生成ＡＩのもたらす変化は、もっと巨大な地滑りではないか。生成ＡＩが注目を集めてから、まだそんなに時間が経っていない。その先を見すえた本格的な予測はまだ出て来ていない。

本書は、それをやってみる。

それには、企業（株式会社）がなぜ、どうして存在するのか、その前提にさかのぼる必要がある。企業は、市場経済を前提にして、その上に浮かんでいる。さらに企業は、政府や、法の支配や、軍隊や、教育や、科学技術や…を前提にしてもいる。生成ＡＩは、そうした前提までも揺るがす可能性がある。そこまで織り込んで、これから来る社会を考えたい。

＊

軍隊の歴史に目を向けよう

そこで、遠回りなようだが、軍隊の歴史について、まず考えてみよう。

近代的な軍隊は、官僚制である。企業と同じだ。企業がいまのかたちになったのは、さかのぼっても四〇〇年ほど前のこと。イングランド東インド会社が一六〇〇年、オランダ東インド会社が一六〇二年の設立だ。

軍隊の歴史はもうちょっと長い。イタリアの火薬革命にさかのぼる。そのあとさまざまな組織の変遷を繰り返してきた。生成ＡＩの登場によって、これからもっと劇的な変化をひき起こすだろう。軍隊の変化は、企業よりも徹底したものになるはずだ。

1・2 軍隊は文書が苦手

火薬革命が軍隊を変えた

小銃や大砲を実用化したのは、ルネサンス当時のイタリア人だ。火薬革命である。詳しいことは、『戦争の社会学』（橋爪大三郎、光文社未来ライブラリー、二〇一六）を参照してほしい。

なぜイタリア人は、新兵器の開発に熱心だったのか。

イタリアの都市は、地中海貿易で儲《もう》かっていた。でも、富をめぐって都市同士が争い、オーストリアやフランスも侵入してきた。なんとか追っ払う方法はないか。

イタリアの商人たちは、封建領主ではない。戦争に弱い。でも、小銃と大砲があれば封建領主に負けなくてすむ。だから必死で、小銃と大砲を実用化した。これがあれば、都市を守ることができる。

＊

イタリアの都市は、まず若者に小銃を持たせて戦場に送り出した。若者は嫌がった。そこでよその兵士を、金で雇うことにした。さいわいスイスに、貧乏で職のない若者が大勢いた。産業がなかったのだ。彼らを雇って傭兵隊にした。傭兵隊は大活躍して、封建領主の軍隊を蹴散らした。それがヨーロッパ中に流行して、傭兵隊だらけになった。絶対君主が各国に登場し、傭兵隊を抱えて権力を確立した。近代的な軍隊の始まりだ。

絶対王政と官僚制

絶対君主が国家を統治する絶対王政は、近代社会の原型である。

まず、絶対君主が強力な軍隊を擁している。最初は傭兵隊だった。封建領主は退治されてしまった。強力な軍事力と警察力で、国内をすみずみまで統治する。

絶対君主には立法権があって、必要な法律を制定する。自由に法律を制定できるのは、とても新しい考え方である。

絶対君主には統治権があって、官僚機構を整えている。ピラミッド型の組織で、権限と責任の原則にもとづいて業務を分担している。

絶対君主は、税金を集める。軍隊も政府も、大変な経費がかかる。将兵や政府職員に俸給を支払う。軍の装備や社会インフラの整備にも費用がかかるからだ。税金を集めるのはむずかしいので、絶対王政はいつも財政が逼迫《ひっぱく》している。

＊

以上をまとめると、つぎのようだ。

絶対君主
- 政府（官僚機構）
- 軍隊

軍隊は文書主義なのか

絶対王政は、近代社会のさきがけなので、組織を合理的に運営しようとする。

その原則は、文書主義である。政府も軍隊も、官僚制の組織である。だから、文書主義であることを原則にする。

政府は平時の組織なので、職員は通常のように行動する。業務をするのに、多少時間がかかっても文書を起草するし、必要なら会議に諮ったうえ、担当者の決裁をもらう。費用がかかる場合は、予算執行の手続きも行なう。官僚制の原則に、一〇〇％従う。

＊

軍隊も平時には、政府の組織の一部である。陸軍省は陸軍大臣のもと、予算や人事やさまざまな業務は、文書にもとづいて行なう。通常の官僚制と変わらない。

軍隊がほかの組織と違うのは、戦時には別のやり方をすると決まっていることである。戦時には悠長に文書を起草し、決裁をとっている時間がない。すみやかに意思決定し行動するために、文書をスキップする。そこで戦場では、口頭での意思伝達を原則とする。指揮官は部下に、口頭で命令を伝える。部下は確認のため、復唱する。部下がさらに部下に命令を伝えることで、組織全体が一致して行動できる。遠方の部隊には伝令を出す。

戦場には数万人から数十万人が集結する。戦場はうるさい。砲声や騎馬の音や喚声で、口頭の命令は聞き取りにくい。そこで軍隊は、独立に行動できるユニットを集めて編制するようになった。このユニットを、師団（division）という。いまの企業でいえば、事業部にあたるだろう。師団は、いちいち最高指揮官に指示されなくても、師団長の判断で行動する。

＊

それでは軍隊は、文書主義の例外か。

そうとは言えない。現場の指揮官は、その日の戦闘が終わると、戦闘日録という詳しい記録をつける。何時何分にどういう命令を受け取ったか。何時何分にどういう行動を起こしたか。敵軍の様子や、当方の被害（死傷者の人数）も記入する。記憶が鮮明なうちに毎日の記録を残し、あとで集めて、編集して戦史にする。戦史を公刊するのは、過去の戦争を教訓にするためだ。

戦争は緊急時なので、文書主義の原則からはみ出すところがある。でも事後的に、文書を整えて、官僚制の原則が貫かれていることを確認する。

文書主義は絶対なのか

平時と戦時を行き来する軍隊のやり方は、ふつうの組織にとっても参考になる。なぜならふつうの組織も、平時ばかりでなく緊急時に投げ込まれることがあるから。それでも適切に行動しなければならないからだ。

緊急時の定義はむずかしいが、要するに、組織の職員や関係者の生命や安全が脅かされる事態のこと。そういう場合には、生命や安全の確保を最優先にして、通常の業務ルールは一時棚上げし、現場の判断で、すみやかに必要な行動をとらなくてはならない。日頃の職階が、その瞬間には軍隊の指揮系統のようになるだろう。

＊

文書主義は絶対なのか。

文書主義は、組織の目的を達成するための手段である。あくまでも手段。戦時や緊急時には、文書主義が邪魔になる。その場合には、文書主義をわきに置いて、組織の目的を達成しようとしてもよい。これは正しい。ただし、あとになって、組織の目的がほんとうに達成されたか、検証しなければならない。

＊

文書主義は絶対ではない。

文書主義は、組織がノーマルに作動するための、業務処理の原則である。文書を媒介にすることで、人びとは権限と責任をはっきりさせ、情報を共有し、上司に現況を報告し、部下に指示を発することができる。そしてその記録も残る。何が決定され、何が未決であるのかもはっきりする。

生成ＡＩが文書主義を侵食する

平時／戦時・緊急時に、文書主義がオン／オフに切り替わるのは、人間が文書を作成して、それには時間がかかることが理由だった。

生成ＡＩが文書を生成するようになると、この事情が変わってくる。

その変化がもっとも顕著に現れるのは、軍隊であろう。

＊

軍隊では、将兵の生命が危険にさらされる。死傷者の数をできるだけ少なくしたいと、軍当局も政府も思う。世論も。

そのため、無人ドローンや、無人戦闘機や、全自動戦闘ロボットや…が試作されてきた。そろそろ実用の域にある。ただし、これらを実戦に投入するのは、倫理的・人道的な問題があるとされていて、歯止めがかかっていた。

けれどもウクライナ戦争を境に、この歯止めは利かなくなった。

無人のドローンや誘導弾や水上艦艇が、戦果をあげている。ウクライナに侵攻したロシア軍に対して、これらの兵器を用いることに対する抵抗は少なかった。

各国の軍隊はこれを受けて、兵器の人工知能化と戦闘の無人化に全力をあげている。

＊

たとえば、無人戦闘機。編隊をつくって敵戦闘機の編隊と空中戦（ドッグファイト）をした場合、優勢に戦えると見込まれる。無人戦闘機は乗員の訓練がいらないうえ、撃墜されても人命が失われない。中国もアメリカも全力で研究している。数年以内に実戦配備されるだろう。無人兵器同士の連携は、口頭言語でさえない。軍隊は、戦闘員が集まった組織であったものが、戦闘員と無人戦闘機器の組み合わさった、もはや組織とは言いにくいもの（ハイパー組織）になっていく。

＊

軍隊は、あらゆる組織に先駆けて、人工知能や生成ＡＩを組み込んだ次世代の組織（ハイパー組織）に移行していくだろう。そして、政府や企業などそのほかの組織も、軍隊に二歩か三歩遅れて、その変化をなぞることになる。

1・3 文書がつくった幕藩制

ここで、少し回り道になるが、江戸時代の幕藩制の話をしておきたい。それは、日本の企業文化が、江戸時代の「藩」の伝統に根ざしているからである。

藩のどこが特別か

日本人は、武士がいるのは当たり前、武家政権（幕府）があるのは当たり前、藩（大名をトップにいただくローカルな政府）があるのは当たり前、と思っている。世界を見渡してみると、当たり前でも何でもない。日本にしかない、世にも奇妙な仕組みである。当たり前にみえるのは、日本人の無意識に染みついているから。そしてその無意識が、日本の独特な企業文化をうみだしているからだ。

欧米の学者も、インドや中国の学者も、日本の武家政権についての知識はまるでない。

日本企業を理解する補助線がない。欧米の社会科学の教科書にも、ビジネス書にも、出てこない。そもそも、日本の伝統的な組織文化を記述する概念がない。欧米の文献やビジネス書しか読まない日本人は、だから、その落差に気がつかないのである。

＊

江戸時代の藩は、武士がつくった団体（統治のための組織）である。

藩は、いくつかの役割を兼ねている。

・軍事組織　…戦争をするための組織である。
・行政組織　…ある地方（領国）を経営し、税を集め、公共サーヴィスを提供し、立法・司法・行政を行なう政府組織である。
・産業組織　…自己資金や借入金をもとに、産業を起こし、新田開発や干拓などの事業を手がけ、殖産興業によって経済の発展をはかる組織である。

この三つを兼ね備えた組織は、世界を見渡しても類例がない。

絶対王政の組み立て

「近世」という歴史区分がある。近代になるちょっと手前、という位置づけだ。日本史では、明治を近代だとみて、その前の江戸時代を「近世」とよぶことになっている。

西欧では、近世は絶対王政にあたる。この時代に、近代社会の原型ができた。それは、こんな骨格の社会だ。

絶対君主
- **軍隊（準・文書主義）**
- **行政府（文書主義）**
- **企業（文書主義）**

国王が絶対君主として、王国を統治する。国王は軍事指揮権をもち、軍隊（傭兵隊）を統率する（指揮官や将校は、原則として貴族階級が務める）。また国王は統治権者として、行政府（官僚機構）を指揮監督する。国王は立法権ももっている。軍隊や政府とは別に、私企業の一群がある。企業は政府から独立していて、市場で自由に活動する。ただし納税の義務を負う。

かつて中世の主役であった、封建領主は一掃された。彼らの軍事力は解体された。所領を統治していた彼らの権力は、国王の権力に集約された。そうして国内唯一の武力となったのが、国王の軍隊。絶対君主の権力の源泉である。

国王は、税収を財源に、軍隊を整備する。将校や兵士に俸給を支払い、装備（武器や兵器や要塞や艦船や…）を整える。また、行政官僚に俸給を支払い、政府機関を組織する。文書主義の原則で動く合理的な組織を整える。

＊

絶対王政は、市民社会の骨格をつくった。そのポイントは、軍隊／行政府／企業、は別々だということである。

軍隊は、王国のなかで唯一の軍事組織で、軍事力（公共サーヴィスの一種）を独占的に供給する。行政府は、軍隊とは別組織で、統治権力（公共サーヴィスの一種）を独占的に供給する。それらと独立に、私企業が存在し、経済活動に従事する。私企業は国王の制定する法律に従い、税を支払うが、それ以外は市場で自由に活動する。政経分離である。

ふしぎな幕藩制

以上の絶対王政を、市民社会の標準型とすれば、幕藩制はそれから大きく逸脱していることがわかる。大名の家臣団は、軍隊であり、行政府であり、企業でもあるからだ。軍隊＝行政府＝企業。これが、藩の成り立ちである。そして、日本全体は、そうした藩の集合体なのだった。

このあり方は、武家政権だからではない。鎌倉幕府も、室町幕府も、武家政権ではあるが幕藩制ではなかった。戦国時代をへて大名の連合体が統一政権（幕府）をつくった結果、幕藩制が成立したのである。

＊

幕藩制にいたる武士の歩みを追ってみよう。

武士の起源ははっきりしない。気がつけば、戦闘のプロの集団が現れていた。彼らは、（1）馬に騎乗し、（2）弓矢や湾曲した日本刀をたずさえ、（3）血縁者でまとまり、従者も従え、大きな集団となって、（4）物資の運搬、貴族の警護、そのほかの業務に携わった。やがて農村に拠点を置いて、領主となった。

武士の集団は、利権をめぐって対立する。武力で相手を圧倒しても、もっと強力な相手には圧倒される。主従関係を結んで、大きな武士団を形成する。そして全国は、源氏／平家に二分され、最後に源氏の覇権が確立した。源氏は、朝廷（天皇の政府）から距離を置いて鎌倉に彼らの政府（幕府）を設け、承久《じようきゆう》の変で朝廷を圧倒したのちには全国政権となった。

＊

武士は各地の拠点で支配を固め、室町時代の終わりには、領域一帯を「一円支配」する大名に成り上がった。彼らはさらに領域を拡大しようと、他の大名と生き残りをかけて戦う戦国大名になる。

この過程でうまれた変化が重要である。（1）大名は家臣を城下に住まわせ、農業と切り離し、常備軍に編制した。（2）大名と家臣の主従関係は、世代を越えて継続するとした。（3）武士／農民を区別した（兵農分離）。（4）農地を測量して、税額を決定した（検地）。主君－家臣は、イエとイエが結びつく永続的な関係になった。

＊

統一政権をめぐる戦国大名の戦争は、徳川《とくがわ》家の勝利に終わった。徳川家は江戸に幕府を開き、戦争を一律に停止せよと武士に命じた。大名は、幕府の承認のもと、各藩を統治した。大名は、軍事指揮権と立法権と徴税権をもつが、幕府のもとの一地方政府という性格をもつ。幕府は大名の、石高《こくだか》（兵力と経済規模）、城砦《じょうさい》の数を制限し、大名の家族を江戸に人質として留めるいっぽう、大名・家臣団の定期的な江戸との往復（参勤交代）を義務づけた。

戦闘員である武士が、戦争を禁じられた。武士である証《しるし》に、刀を二本差しているが、もはや抜くこともない。代わりに行政職をやれ。軍事部門（番方《ばんかた》）から管理部門（役方《やくかた》）に配置転換されたのと同じである。武士はもともと、封建領主であった。それがそのまま、鉄砲を主役とする戦闘の担い手となった（西欧では、封建領主は退場し、代わりに傭兵隊が中心となった）。そしてその武士が、軍人のまま、行政職にまた横滑りした。

各藩は、慢性的に財政が逼迫していた。税収は農村からの年貢が主で、商工業からの徴税はあと回しだった。そこで各藩は、地方特産品や加工産業を振興して、現金収入をえようとした。武士が企業家でもあったのだ。

大名

- **番方（有名無実）**
- **役方（文書主義）**
- **○○役（文書主義）殖産興業を担当する**

幕藩制には、俸給を支払って雇われる軍人（傭兵）もいなければ、俸給を支払って雇われる官僚もいない。軍人と官僚の両方を、武士が担っている。西欧近世からみるとふしぎな仕組みである。それだけではなく、藩それ自体が、新規事業に取り組むイノベーターでもあったのだ。

＊

家臣団は、ピラミッド構造になっていた。家臣のイエはそれぞれ家格が決まっていて、○○石取何人扶持《ぶち》、と年収が決まっていた。家老をトップに、さまざまな役目が配置されている。職務は、番方（軍事部門）と役方（行政部門）に分かれていた。番方のほうが本来の業務で、格上ということになっていたが、そもそも戦争のチャンスがない。次第に名目化し、役方が業務の中心になった。

江戸初期に、熊沢蕃山《くまざわばんざん》という儒者がいた。貧乏ななか近江《おうみ》の田舎で学問に励み、岡山の池田《いけだ》藩に召し抱えられた。藩主にブレーンとして重用された。譜代の家臣を差し置いて抜《ばっ》擢《てき》され、数千石の俸禄《ほうろく》をえた。適当なポストがないので、番方の弓矢奉行に任じられた。担当したのは藩政改革である。守旧派の家臣たちと衝突して辞職した。藩は、合理性と伝統とが混じった組織であったことがわかる。

武士と文書主義

武士はもともと、戦闘のプロで、主君を勝手に取り替えては生き残りをはかり、リアリズムに生きていた。文字が書けなくてもなんとかなった。どうしても文書を作成する必要があるときは、祐筆《ゆうひつ》（たいてい僧侶《そうりょ》がつとめる）に代筆させた。

その武士が戦闘員をやめ、行政職に転職することになった。行政職はマネジメント。文書主義の世界である。

この転換を行なうため、幕府は儒学を奨励することにした。徳川家康《いえやす》は林羅山《はやしらざん》を召し抱えて、学問を奨励した。朱子学《しゅし》を学びなさい。たちまち日本中で朱子学がブームになり、武士の学力が高まった。日常の業務で文書を読み書きし、記録や報告書を作成するのに問題なくなった。江戸時代の武士は、すべての業務を文書主義の原則にもとづいて行ない、大量の文書資料を残している。

軍人は、最低限の文書しか残さないものである。武士の場合は、戦闘員の身分のまま行政職に転じたので、業務に費やす時間がたっぷりあった。

＊

こうして二五〇年あまりのあいだ、藩で働いた武士の経験は、明治以降、昭和や平成や令和になっても、日本人の無意識の勤労倫理として深い影を落としている。その特徴をつぎのようにまとめることができる。

（1）家臣は、共同体の一員のように、運命的に主君とその組織に結びついている。

（2）家臣は、ほかの組織に移動することがそもそもできない。

（3）家臣は、自分が属する組織に忠誠を尽くすことになっている。

（4）家臣は、能力があっても抜擢されるとは限らず、無能でも降格されない。

藩の組織ルールと、日本の企業の組織ルールとは似通っている。違うのは、

・藩では、家格によってランクが決まる。企業では、入社年次とポストでランクが決まる

・藩では、武士のイエに生まれれば所属が決まる。企業では、採用が決まれば所属が決まる

の二箇所だけだ。

藩は、日本の近世に独特の組織である。合理主義（文書主義）と非合理主義（世襲）が背中合わせに合体している。そして、所属する組織が共同体であるかのように忠誠心を発揮する（赤穂浪士の討ち入りを想起せよ）。

中国とどう違う

これが日本の官僚制であるとすると、中国の官僚制とどう違うだろうか。

中国の官僚は、科挙（儒学の統一試験）をパスした文官である。中央政府（皇帝）に直接雇用される。軍人（武官）とは職種が異なる。そして、文官が武官を統制するという原則がはっきりしている（儒学では、武家政権などというものはありえない）。

中国の官僚は、三年ごとに任地を移動する。任地と癒着してはならないから。官僚は、任地で税を集め、任地を搾取する。任地には、ローカルな血縁共同体がいくつもあり、血縁で結びついている。官僚の忠誠の対象は、皇帝である。実際には官僚は、自分の利害を第一に考え、党派をつくり、互いに競争している。軍／官僚制／共同体、が別々なのが中国の官僚制だ。

＊

藩の武士たちは、中国の官僚とどう違うか。

武士は、軍人であり、官僚であり、共同体（藩）に属している。武士は、任地を移動せず、ずっと藩に属している。自分も、親も子どもも。忠誠の対象は主君（大名）で、共同体（藩）はいくつもある（市場に、企業がいくつもあるのと同じだ）。

＊

さて、農村についても簡単にみておこう。

藩は、多くの農村を統治した。税金（年貢）を集めるが、その比率は決まっていた。そして、税額はムラごとに決まっていて、ムラが総額に責任をもつ。ムラは自治を認められていて、どのイエがどれだけの税を負担するかはムラの裁量に任される。たとえば、あるイエの働き手が病気になったら、税額を減免して、ほかのイエが皆で負担する。これらは人びとの合意で決定し、人びとはムラに強い帰属意識をもつ。このような農村の共同体意識は日本独特で、中国にはみられない。

尊皇思想は何を変えたか

幕藩制の社会は、多少とも合理的な官僚制をそなえてはいるが、そのままでは近代社会にならない。ではどのように、変化が必要か。

その変化をうみだしたのが、尊皇思想だった。

尊皇思想とは、天皇に対する忠誠を絶対とする思想。朱子学を組み換え、国学の助けも借りながら、日本の明治近代の駆動力となった。そのポイントはつぎのとおりだ。

（1）大名（そして、将軍）でなく、天皇がほんとうの忠誠の対象である。

（2）藩は解体して、統一の軍隊組織、統一の官僚組織に再編できる。

（3）武士も、農民、町人も、天皇への忠誠共同体（ネイション）を形成できる。

尊皇思想によって、全国を統一する統治権力が成立する。そして、全国一律に法律を定め、課税し、市場を設定し、社会インフラを構築し、制度を運営することができる。世界を見渡しても、非西欧圏で、近代化がこれほどうまく行ったケースはまれである。

尊皇思想がどのように朱子学と国学のハイブリッドで、人びとの思想に革命的変化をもたらしたかの詳細は、私の『丸山眞男の憂鬱』（講談社選書メチエ、二〇一七）、『小林秀雄の悲哀』（講談社選書メチエ、二〇一九）、『皇国日本とアメリカ大権』（筑摩書房、二〇二〇）に詳しいので、参照してほしい。

＊

人びとの行動様式はどう変化したか。

藩は解体した。元の武士たちの、自分の所属する組織に対する忠誠と、文書主義と、ルールの遵守は変わらなかった。ムラの自治は終わった。ムラの人びとの自分の所属する組織に対する忠誠と、勤労のエートスと、ルールの遵守は変わらなかった。

日本の企業には、藩の伝統とムラの伝統が両方、流れこんでいる。そして、明治〜昭和〜平成・令和の組織文化をつくった。それは、（1）法律と無関係に組織のルールをつくることができる、（2）意思決定はコンセンサス（反対がないこと）を原則とする、というやり方だ。日本人はほぼ全員が、このやり方に従っているのに、それがどこから来たのかしらない。ビジネス書にも書いてない。

問題はこのやり方が、近代社会の原則である「法の支配」にそぐわないことだ。グローバル世界で日本がひき起こす多くのトラブルは、ここに原因がある。

生成ＡＩがこうしたトラブルを解決するものなのか、今後を見届けたい。

1・4　生成ＡＩが組織をつくり変える

なぜ軍で無人化が先行するのか

生成ＡＩを組み込んで組織を自動化（無人化）するには、かなりコストがかかる。開発費がとてもかさむ。

ではなぜ、軍では、自動化（無人化）が真っ先に進むのだろうか。その理由は、つぎの通りだ。

＊

第一に、兵器は、すべて政府が購入する。民間は購入しない。完全な注文生産で、買手は政府だけ。独占である。

では、政府はどれぐらいまでなら支払えるか。

政府は、外国の政府と競争している。外国の軍隊が採用すれば、同等のものを購入しようとするだろう。覇権国や、覇権に挑戦する国の政府は、かなりの金額を投じる可能性がある。

民間企業が設備を自動化（無人化）する場合、それは投資である。投資は、採算が合わなければならない。その金額は、政府が兵器を自動化（無人化）する場合ほど巨額ではないに違いない。

政府にとって、新兵器のメリットは金額で測れない。政治的判断の問題だ。

第二に、兵器を自動化（無人化）すると、兵器の性能が高まるうえ、軍人の生命も守られる。倫理的な懸念の声があるとしても、相手国が同様の兵器を開発しているなら、かき消されるだろう。

第三に、戦時の軍隊は、もともと文書主義をとっていない。命令は、上官から部下に下達される。その際、機械のように、その命令が実行されるのが理想である。軍の行動ははじめから、自動化（無人化）に向いているのである。

サポート役から主役に

生成ＡＩの解説書を読むと、あなたのアシスタントです、便利に使いましょう、と書いてある。ＣｈａｔＧＰＴのような対話型の生成ＡＩは、たしかにアシスタントとして役に立つ。

ただ生成ＡＩは、それにとどまらない。画像を生成したり機器を操作したりできる。

＊

戦闘機のコックピットを想像してみよう。目の前にさまざまな計器がある。ミサイルの発射ボタンもある。モニターに何が映るか、にも生成ＡＩが深く関与している。

周囲の状況 ↓ 生成ＡＩ ↓ モニター ↓ 操縦士 ↓ ミサイル発射 ↓ 撃墜

これが、有人戦闘機の場合だ。

でも生成ＡＩを主役にすれば、「モニター ↓ 操縦士」の部分を省略できる。それでも戦闘に支障ない。むしろ、戦闘が効率的で正確になるかもしれない。無人戦闘機だ。

＊

これを一般的に示すなら、つぎのようである。

（A）生成AIが人間をサポートする

人間―生成AI
―
人間―生成AI
―
人間―生成AI
―
人間―生成AI
―

（B）生成AIが人間に取って代わる

生成AI
―人間―生成AI
―生成AI
―人間―生成AI
―

ビジネスで（A）は当たり前である。では（B）は可能か。そして、望ましいか。これを考えるのが、本書の課題だ。

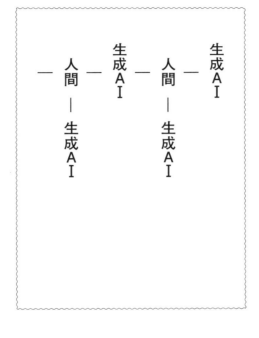

ビジネスは二段階からなる

ビジネスに、生成ＡＩがどんなインパクトを与えるか。

これを正面から論じた社会科学の仕事は、まだ存在しない。社会学にせよ、経済学にせよ、経営学にせよ、そのほかにせよ。

そこで、議論をいちから積み上げていこう。

＊

そもそもビジネスは、二段階からなる。それは、つぎのようだ。

Ａ．誰か（企業ｘ）と誰か（企業ｙ）が、売買契約を結ぶ。
Ｂ．誰か（企業ｘ）と誰か（企業ｙ）が、その契約を実行する。

第一段階のＡは、契約の段階（もしくは、情報の段階）。

第二段階のＢは、実行の段階（もしくは、実物の段階）。

最初に契約を結ぶ。営業の仕事である。そのあと、それを実行する。製造や配送の仕事である。

これは、時間的な前後関係か。前後が逆転する場合もあるだろう。売れるだろうと先に製造しておき、それから広告して販売する。でもものごとの順序から言えば、Aが先でBがその後だ。

＊

作りたてのたいやきを店先で販売している場合。お客がひとつくださいと言う。その場で売買契約が成立し、品物が手渡される。AとBが同時に一箇所で完了する。もしもすべてのビジネスがこんな具合なら、AとBをわざわざ分ける必要はないかもしれない。でも実際には、多くのビジネスで、AとBは、時間的にもズレているし、担い手も別々である。特に大企業の「本社」と「現場」を考えるのに、この区別は役に立つ。

本社と現場

大正ごろ、日本を代表するある紡績会社の本社には、課長が五名しかいなかった。その上は取締役。本社採用の月給取りはごく少人数だ。本社はとてもスリムだった。工場で働く従業員は日給制だった。工場では紡績機や織機が目一杯動いている。女工さんたちはたくさんの機械を受け持って走り回っている。

本社は、原料の輸入や製品の輸出、経理、総務、人事、経営などを所管する。文書主義の世界である。それに対して工場（現場）は、本社の指示で動く。本社と現場がきっちり分かれていた。当時の株式会社の典型だ。

『モダン・タイムス』

商品の製造は、モノの世界の出来事である。言語が直接に関係するわけではない。だから、製造を自動化することができる。

自動織機は、手織りと比べてみれば、完全な自動化（無人化）と言ってよい。こうした機械は、効率がよく、それなりに品質がよく、価格競争力もあれば導入される。ラッダイト運動の昔も、チャップリンの『モダン・タイムス』が象徴するオートメーションも、ロボットによる製造ラインも、資本主義の歴史は技術革新の歴史だ。

自動化（無人化）は、労働者の職を奪うからと、警戒される。

ある職種が機械に置き換えられて、職が奪われることはよくある。だが技術革新は同時に、多くの新しい職種をうみだした。人びとの労働が必要なくなることはなかった。

もしもいくつかの産業が、完全に自動化（無人化）されて、その産業から労働者がいなくなってしまうと、経済は、これまでと別なものになってしまうのだろうか。

森嶋通夫の定理

森嶋通夫《もりしまみちお》は『マルクスの経済学』（英語版一九七三年、邦訳一九七四年）を著し、『資本論』と近代経済学との関係を明らかにした。

森嶋は、マルクスの『資本論』の議論の土台が、レオンチェフの投入産出分析（Input/Output Analysis）であることを見抜いた。これは、各国の経済官庁が経済予測に活用している産業連関分析のモデル。線型の連立方程式で、各産業の相互関係を産業間の投入産出係数で表す。最終需要を所与とすれば、各産業の産出量（操業水準）を算出できる。

森嶋は、マルクスの『資本論』のモデルが合理的で明快であること、労働力の価値を定義・算出できること、利潤率や搾取率も計算できること、利潤率の傾向的低下の法則も証明できることを確認した。そして『資本論』のいくつかの定理は、『資本論』の厳しすぎる仮定をゆるめても成立することを証明した。たとえば労働者の賃金が、最低生活水準に固定されていなくて、各人の効用にもとづいて生活資材を選択的に購入できると仮定しても、労働力の価値を定義できることなど（その反対に、ある産業が産出する商品がひとつではなくて複数である〈副産物がある〉場合や、ある産業の産出量が線型ではなくて規模の経済によって非線型で逓増していく場合などには、労働力の価値が定義できなくなることも証明した）。

＊

さて『マルクスの経済学』での、森嶋のつぎの議論が注目に値する。

いまかりに、ある産業が（または、複数の産業が）完全に自動化（無人化）されて、労働力の投入がゼロになってしまったとする。この経済は、労働力の価値を定義できるのかどうか。

結論は、それでも定義できる！　労働力の価値は、この経済でも定義できて、意味をもつ（わかりやすく言い換えれば、いくつかの産業が労働力を必要としなくなっても、残りの産業で労働力が必要とされている限り、労働者はこの経済にとって必要で、ちゃんと賃金を受け取ることができる）。

その条件は、この自動化（無人化）された産業と残りの産業とが産業連関でつながっていること。そうすると、この経済全体を回すために必要な労働時間（労働価値）が定義でき、計算できるのである。つまり、自動化（無人化）された産業があっても、それは、機械化（無人化）された工程が一部あるのと同じで、経済全体の性質はちっとも変わらないのだ。

大事なことだから繰り返そう。**今後、産業がどんどん自動化（無人化）されて、ほとんどの産業から人間の労働が消えてしまっても、経済はいまのように、回り続ける。人間の労働の重要性は失われない。少なくともどこかの産業で、人間の労働が必要とされており、**

その産業がほかの産業と連関している限りは。未来経済についての森嶋通夫の定理である。

＊

労働価値が定義できるかどうかは、マルクス経済学にとっては大問題だが、それ以外の人びとにとってはどうでもよいかもしれない。ちなみに近代経済学では、労働の価格（賃金）は需要供給によって決まり、その水準は、追加の労働一単位が与える限界生産性に等しい、と考えることができる（議論はもっと複雑だが、簡単にのべている）。その場合でも、議論の含意を十分に引き出すためには、森嶋通夫の定理を踏まえるのがよい。

技術革新は社会を変える

生産の現場は、モノに関わる人間の労働の世界である。

この労働を、機械に置き換えることは、不可能ではない。産業革命のはじめから、機械化（無人化）は進められてきた。蒸気機関があり、内燃機関があり、工作機械があり、自動制御があった。半導体や集積回路やコンピュータやＡＩが、実装された。

生産に関わる機械と並行して、消費財も、半導体や集積回路を内蔵して、自動化が進んだ。こうした変化は、経済の構造を根本的に変えるものではない。

＊

製造業が機械化（無人化）すると、労働力が、生産現場からそれ以外の分野に移っていく。機械化（無人化）の進まないサーヴィス産業の労働者の比率が高くなる。

日本で、高度成長の始まる前の一九五五年ごろ、労働人口の半分は農業に従事し、第二次産業の割合も高かった。都市の人びとは、個人商店や中小企業で働き、月給をもらう俸給生活者（サラリーマン）は全体の二割あまりだった。そのあとその割合はどんどん増え、いまでは勤労者の大部分になっている。

第二次産業の就労者の人数を、第三次産業が追い抜いた高度成長の後期、これで日本も脱産業社会に入ったと感慨深げな社会学者がいた。あまり関係ないと思った。製造業の生産性が高まって、労働力が生産性の低いサーヴィス部門に移動しただけだ。

＊

サーヴィス産業の生産性はなぜ低くて、機械化（無人化）が進まないのか。

それは、サーヴィスとは、人間から人間に直接提供される行為であるから。人間から人間に直接提供される行為。それはふつう、言語コミュニケーションを含む。そして、言語コミュニケーションは、機械には行なえない（少なくともこれまでは）。機械に行なえなければ、機械化（無人化）したくても無人化することはできない。

人間がやっていたのに機械がやるようになったことは、そう多くない。飲料の自動販売機。鉄道の改札業務。電話の受け付け案内。厖大《ぼうだい》なサーヴィス業務のごく一部分だ。

その昔、郵便番号の読み取り装置が導入されるとき、郵便局の労働組合は反対した。あまり意味がない反対だったと思う。

バーコードやＱＲコードが普及して、物品管理がやりやすくなった。宅配便などの新たなサーヴィスもなくてはならないものになった。

アマゾンの配送センターは、機械化（無人化）を大々的に進めている。けれどもそのいっぽうで、厖大なサーヴィス労働を新たにうみだしている。サーヴィス労働は、熟練しにくく、新規参入する労働者が多い。給与は低くおさえられてしまう。

小泉《こいずみ》改革のあと、派遣や非正規労働が増えた。いまや、雇用者の半数近くを占めるまでになっている。この傾向は、世界共通で、労働分配率は下がり続けている。

ＡＩは本社を変えるか

製造業であれ、そのほかの業種であれ、現場がこのようであるとして、本社のほうはどうなのか。

失われた三〇年、日本企業は何をしていたか。新産業に投資せず、生産性を向上させることもできなかった。代わりに、現場の賃金を抑制し、本社を守った。正社員の人数を絞り、非正規労働者を増やした。両者の賃金格差が大きくなっている。

本社の職員はなにをしているか。文書主義にもとづいて、相変わらずのデスクワークをしている。なぜ自動化（無人化）が進まないか。本社は実物でなく、情報（言語）のやりとりでできているから。それは自動化して、機械（ＡＩ）に置き換えることができなかったからだ。少なくとも、いままでは。

＊

本社は、企業全体のマネジメントを担っている。

マネジメントは、企業の活動にとって、必要不可欠な業務である。

企業はまず、取引先と情報を交換し、契約を結ぶ。つぎにそれを実行する。前の段階が本社の業務、後の段階が現場の業務だ。現場は自動化（無人化）できるから、低賃金。本社は自動化（無人化）できないから、高賃金。日本経済は、労働者を見捨てて、本社の正社員だけを優遇する選択をしたのだ。

＊

こういう時代はすぐ終わる。そもそもの前提であった、ビジネスの二段階の構造が崩れるから。生成ＡＩは自然な言語を生成できるので、本社の正社員の業務のかなりの部分を代行できるからだ。

マネジメントの自動化、マネジメントの無人化が始まる。

どこかの企業がこれを始めたとする。その企業の人件費は節約され、財務が改善する。競争力が強まる。すると、同業他社も、そのほかの企業も、右にならえをしないと生き残れないだろう。この流れをとどめることはできない。

ほんとうにそうなるのか。そうなる。本書はそう予測する。

ほんとうにそうなるのか。そうなる、と言うためには、論証が必要だ。その具体的なシナリオを描いてみせるのがよい。第2章以降の各章は、それにあてられる。

1・5　さまざまなマネジメント

第1章の最後に、生成ＡＩの与えるインパクトが、ビジネスに止まらないだろうことをみておこう。

企業〜政府組織〜軍

軍の組織としての特徴には、企業と共通する部分もあるが、正反対な面もあった。日本では、企業についての研究は多いが、軍についての研究はわずかだ。どちらも人間のつくる組織なので、比較すると有益なのに、残念なことだ。

軍と企業のほかに、政府組織もある。その三つの性質をまず比較したい。

＊

企業に在職するひとの人数は多い。人びとの関心も高い。企業のマネジメントは、ＭＢ

A（経営学修士）などとして、確立した学問領域になっている。

政府組織についてはどうか。MPA（Master of Public Administration）というものがある。中国では、およそ二〇年前に清華大学に公共管理学院ができたのを皮切りに、何十もの大学に公共管理学院が置かれていて、中国共産党の現職幹部らが在職しながら学んでいる。アメリカでは、ハーバード大学のケネディ行政学院をはじめ、内外の政府職員が修士や博士の学位をえるために専門の技量を高める場が多くある。ヨーロッパの国々にも類似の機関がある。日本より充実していてうらやましい。

軍についてはどうか。軍は、大学の教育研究機関と交流を深め、連携していくのが望ましい。わが国の場合、まったく進んでいない。

＊

企業のマネジメントについての研究は、なぜ進みやすいのか。いくつか理由がある。
（1）企業は、目標が明確である。たとえば、利潤。会計の手法によって、投資やコストや収益や、企業活動のさまざまな側面を、貨幣タームで記述できる。
（2）企業は、説明責任が明確である。たとえば、株主総会。出資者に対して、経営者が責任を明らかにする機会がある。その説明を補強するための、さまざまな論法が発達している。

（3）企業は、私的な組織なので、社会公共のために有益な存在なのか疑義がある。そのため経営者も従業員も、企業の活動を理解し正当化したいという強い欲求をもつ。マネジメントについての研究は、それに応《こた》える。

これらさまざまな角度から、よい経営／そこそこの経営、の違いが照らし出される。よい経営についての合意がなければ、研究はやりにくい。

とりわけ、このなかで決定的なのは、（1）である。

＊

これと対照すると、政府組織のマネジメントの研究が、やりにくいことがわかる。

（1）政府組織の行動を、測定したり評価したりする指標がない。政府組織は、公共サーヴィスを提供するが、それを貨幣タームで測れない。政府の行動を記述する、会計学にあたるものがない。

（2）政府組織は、説明責任が明確でない。強いて言えば国会がその場であるが、国会は政府全体を監視していて、それぞれの政府組織の活動を検証する場ではない。

（3）政府は、公的な組織で、社会公共のために有益な存在であることをそもそも前提にしている。しかも独占的な組織で、競争がない。そのため、職員は、自分の活動を正当化したいという欲求をもちにくい。

政府組織には、マネジメントが必要だ。だが、政府組織は、税金を原資にしていて、そもそも競争がはたらいていない。よい経営／そこその経営、の指標が立てにくい。公共管理学のようなものもあるが、まだ発展途上だ。

＊

軍のマネジメントの研究はどうか。

軍も、政府組織の一種である。政府組織の場合と同様の問題点がある。それに加えて、軍のうみだす公共サーヴィスは、安全保障である。戦闘準備を整え、戦闘行動を行なっていないときにこそ、もっともそのサーヴィスは成功していると言える。軍の評価は、一般の政府組織にくらべても、さらに困難だ。

軍には秘密がつきもので、情報開示の制約がある。このため、一般の政府組織にくらべても、活動の検証をするのがなおむずかしい。

軍についてては、事後のケーススタディがもっとも有効だろう。決断のそのとき不確定だったさまざまな事情が、後世からは明確にみて取れる。過去の失敗から学ぶのは、マネジメントの質を高める確実な方法だ。

軍の公刊戦史や公式の記録は、軍が政府や議会や国民や世界に説明責任を果たすもっとも基本的な文書だ。しばらく前、日本の議会で、あるはずの自衛隊の日報があるかないか問題になったが、こんなことはあってはならない。軍は行動の記録を、政府組織は根拠となる文書を、どんな企業も基本的な文書を、保存しておくのはイロハのイである。

教育とアカデミア

政府とも企業ともつきにくい分野として、教育とアカデミアがある。

初等・中等教育は、多くの国では公教育で、税金が投入されている。したがって、教育の効果があがったのか、税金は正しく有効に使われたのかについて、チェックがかかっている。けれども教育は、その成果がすぐには目にみえない。また成果は多様な側面があって、把握しにくい。成果が観察しにくければ、マネジメントを行なうのもむずかしい。

＊

大学は、高等教育と研究を行なう。どちらも、巨額の経費がかかる。それなりに税金も投入されている。

大学などを舞台とする教育と研究の活動全体を、アカデミアといおう。アカデミアについても、そのパフォーマンスを最善にするための、マネジメントが必要である。アメリカは私立大学が多く、アカデミック・マネジメントが発達している。日本ではそれは、主として文部科学省が担っているが、マネジメントの思想も能力も未発達である。そもそもアカデミアの関係者のあいだに、アカデミック・マネジメントが必要だという意識が少ない。そのためもあって、アカデミアの活力は盛り下がっている。

＊

生成ＡＩは、ビジネスをやがて刷新する。それだけではない。世界各国の軍も、政府組織も、教育も、アカデミアも、社会の全体を書き換えるだろう。

社会は変わる。そして、マネジメントも変わる。変わらざるをえない。その巨大な変化を、その変化が起こる前に、頭のなかにしっかり描いておきたい。

第2章

上司がＡＩになりました

2・1 AIの領域・人間の領域

ChatGPTはなぜ無料なのか

ChatGPTを開発して公開したのは、OpenAIである。無料で公開したので、利用者は爆発的に拡まった。試しに使ってみよう。世界の誰もが、対話型生成AIと言えば、ChatGPTを想い浮かべるようになった。

なぜ、無料で公開しているのだろうか。

ChatGPTは、大規模言語モデル（Large Language Model：LLM）である。開発に巨額の費用がかかっている。

OpenAIは、マイクロソフトの支援を受けている。資金の提供を受け、マイクロソフト社からさまざまな便宜も提供されている。そのぶん、費用を負担しないですむ計算である。でも、それは、マイクロソフトが肩代わりしたにすぎない。この費用は当面、投資

（赤字）として積みあがっている。

投資した研究開発費は、回収しなければならない。どういう資金回収のプランが考えられているのだろうか。

＊

起ち上がったばかりのベンチャーは、後先を考えず、研究の成果を公表することがよくある。まず注目されることが先決で、そうすればもっと資金が集まるかもしれない。けれども、マイクロソフトのような大企業が、将来の成算もなく、こんなに巨額の資金（二〇二三年一月に新たに決まった投資額は一〇〇億ドル）（小林２３２）を注ぎ込むはずはない。グーグルもメタ（旧フェイスブック）も、やはり巨額の費用をかけ、同様に大規模言語モデルの開発を急いでいる。いち早くプラットフォームとしての地位を確保し、他社の追随を許さないように。どうやって収益化をはかるかは、あとでゆっくり考えればいい、ということなのかもしれない。

＊

マイクロソフトの重役会議で、どんな資料が配られただろう。ＯｐｅｎＡＩ社の対話型生成ＡＩに、一〇〇億ドルを注ぎ込むことを決めるのだ。投資の回収プランが、おおまかにでも書いてあるに決まっている。

たぶん、つぎのどれかだ。

a．ＣｈａｔＧＰＴが世界中で使われて、標準ソフトになり、他社が追ってくるのをあきらめたら、それぞれの業界の企業向けに、より性能の高い有料ヴァージョンの販売を開始する。たとえば、製薬業界向けには、関連学会の専門ジャーナル、薬学、医学、遺伝子工学、生理学……などの最新文献、業界紙の記事、そのほかをすべて学習させた製薬ＧＰＴを、という具合に。これを購入しないと、購入した他社との差がついてしまう。これまでの無料版では太刀打ちできない。かと言って、製薬会社が自社でこれだけの大規模言語モデルを構築するのはとても無理だ。そこで、ＯｐｅｎＡＩ社から毎年、最新版を定期購入することになる。価格はＯｐｅｎＡＩ社の言い値だ。事実上、独占なのだから、仕方がない。

b．これまでの一般向けＣｈａｔＧＰＴは無料のままだが、新たに有料の上級サーヴィスを始める。多くの企業が上級サーヴィスの契約を結び、ＩＤとパスワードを受け取る。上級サーヴィスでは、ＣｈａｔＧＰＴとどういう対話を行なったか、その情報を秘匿するサーヴィスを受けられる。企業は、機密保持の観点から、上級サーヴィスの契約を行なわざるをえない。契約の費用は、ＯｐｅｎＡＩ社の言い値である。

c．一般向けのＣｈａｔＧＰＴと別に、個々の企業向けの特注ＣｈａｔＧＰＴを任意のＩ

IT企業が開発し販売できる仕組みをつくる。たとえば、IT企業Y社が、建設会社Z社の特注ChatGPTを開発し販売するのだとする。Y社は、OpenAI社の技術協力のもと、汎用型のソフト「各社共通楽々マネジメントAI」をすでに開発している。Y社は、建設会社Z社から、過去一〇年に作成したすべての文書の提供を受け、Z社のヴァーチャル本社を立ち上げる。日々の業務は、ヴァーチャル本社のChatGPTに案件を打ち込むと、するすると作業が流れて最終決裁の文書までできてしまう。これなら本社の人員を大幅に削減できるだろう。Y社は、相応のライセンス料をOpenAI社に支払う。

a〜cのどのプランでも、一〇年もしないうちに、投資した金額を回収できそうだ。

＊

ChatGPTとマネジメント

生成AIと、マネジメントの関係を、もう一歩深く、考えてみよう。

ChatGPTは、対話型生成AIである。企業のマネジメントは、大勢の人びとが実際に会社で協力しながら、業務を行なうことである。ChatGPTは文章の自動生成。マネジメントは人びとの集合行動。ことがらのレヴェルが異なる。

もちろん、両者は関係がある。企業は、文書主義の組織。マネジメントはさまざまな文書をうみだしながら進行する。だから生成ＡＩは、マネジメントをサポートできる。

ａのプランは、ＣｈａｔＧＰＴの素朴な延長である。読みこませる言語データの範囲を拡げ、ウェブ上のテキストを片端から読み込むのに加えて、有料の専門ジャーナルや専門性の高い図書や業界の新聞記事なども読み込む。一般ＣｈａｔＧＰＴに比べて、生成する文章がぐんと正確になる。特定の業界でビジネスをする人びとにとって、使い勝手がもうひと回りよくなる。

＊

ｂのプランは、やはり企業向けであるが、機密保持に焦点を絞っている。

ＣｈａｔＧＰＴを相手に対話をすると、自分がどういう質問をしたか、ＣｈａｔＧＰＴに伝わらざるをえない。企業にとってみれば、その質問自体が、機密に属するであろう。ＣｈａｔＧＰＴに伝わったそういうデータが、大規模言語モデルに組み込まれてしまっては、どういう情報漏洩《ろうえい》が起こるかわからない。そういう危険をなくし、企業の側からの質問データを、ほかの企業や外部に漏れない仕組みを特別に設定することを、有料にするプランだ。

仕組みはむずかしくないのかもしれないが、企業ごとにこの種の垣根を、大規模言語モデルのなかにいちいち設けるのは、手間がかかる。ちょうど、広告代理店が、依頼を受けた広告の情報が同業他社に漏れないように守秘義務を徹底して注意するのと、似たようなことである。

生成ＡＩは本社を変えるか

これに対して、ｃのプランは、企業の本社組織のあり方そのものに踏み込んでいる。

ｃのプランは、要するにこういうことだ。

・いま人間が担っている企業の本社業務を分析し、そのうち置き換え可能な部分を、生成ＡＩに置き換える。

・人間は、本社業務のうちいちばん大事な、マネジメントに集中する。

もしもこれが実現すれば、社会は大きく変わる。人間の働き方も大きく変わる。生成ＡＩはこういう可能性を射程に収めるものなのか。考えられるところまで考えてみる。

＊

もっとも置き換えやすいのは、定型の業務だ。

企業（の本社）は、何をしているか。経理や人事や総務や企画や広報や…といった縦割りの役割分担で業務をこなしている。そのいっぽう、企業の全体にかかわる、さまざまな意思決定もしている。前者は、固定した定型的なパターンの業務が大部分。後者は、個別の案件を前例のない状況で判断することが多い。

ビジネスは、この両面をそなえている。そして本社のたいていの人びとは、大部分の時間を、定型的な業務をこなすのに忙殺されている。

定型的な業務は、生成ＡＩで合理化できるのではないか。

＊

たとえば経理は、定型的な作業が多い。すでにさまざまなソフトが導入されている。経理と似ている業務に、税務がある。まず税務を例に考えてみよう。

税理士とe-Tax

日本全国に税理士がいて、中小企業や個人納税者の税務事務をサポートしている。納税申告書の最後に、税理士の署名捺印《なついん》の欄がある。税理士が作成した申告書は、間違いがないと税務署は思うのだろう。税理士には、税務署のＯＢも多い。

最近は、紙ベースの申告でなく、電子フォームのｅ－Ｔａｘが進んでいる。これは便利だ。それ以前は、毎年税務署が作成する手引き書の冊子を繰って、計算式に従って控除額や税率を計算し、数値を書き写して、最後に合計を求めて税額を計算していく。計算違いもしやすい。それが、e－Taxのフォームに入力していくだけで、すらすら最後の税額まで自動で計算してくれる。

仕組みはどうなっているか。保険料や医療費の控除のルール、さまざまな特例や除外規定、税額計算の方法など、算出のルールは毎年変化するとしても、申告の前にあらかじめ決まっている。それをソフトに組み込んであるから、集計した伝票の数字を入力するだけで、あとはワンクリックで完了する。これなら税理士に依頼しなくてよいだろうと思うひとが増えるはずだ。

＊

あらかたの企業が導入している経理ソフトも、これと似た仕組みであろう。

企業会計のルールは、一定している。企業が違ってもほぼ共通だ。するとソフト会社が企業会計のソフトを開発して、納入しやすい。ちょっと手直しするだけで、その企業ぴったりのソフトになる。データを入力するだけで、その先の処理をしてくれるので、みんな助かっているはずだ。

経理のほかにも、いろいろなソフトがある。

在庫を管理する、在庫ソフト。

人事情報を管理する、人事ソフト。

社会保険を管理する、社会保険ソフト。
営業の取引先情報を管理する、取引先ソフト。
企業全体のスケジュールを管理する、スケジュールソフト。
会議室の予約を管理する、会議室ソフト。
顧客情報を管理する、顧客管理ソフト。

そのほか、課や係やグループごとに、エクセルなどを使った共有ソフトが、いくつも動いているはずだ。

こういうものは、AIと関係なく、とっくに業務に溶け込んでいる。

裁判とAI

定型の業務の対極にあるのはなんだろう。裁判ではないか。

定型の業務は、ルールにもとづいて行なわれる。誰がやっても同じである。同じでなければならない。そこに、担当者の判断が入り込んではいけない。

裁判は、法に従って行なわれる。法は、ルールである。事前に決まっていて、それを今回の事件に適用する。担当者が恣意《しい》的に判断してはいけない。

けれども裁判は、人間が行なわなければいけないと決まっている。人間が判決を下すのでなければ、裁判ではない。日本国憲法は、何びとも、公正な裁判を受ける権利があり、裁判の機会なしに権利を制限されることはない、と定めている。また裁判官は、独立であって、法と良心のみにもとづいて判決を下す、と決まっている。

生成ＡＩは、かりにどんなに法律や判例に詳しくても、判決を下してはならない、ということだ。

＊

これはどういうことだろうか。

日本の法律学は、ドイツ法の影響を受けている。ドイツ法は実定法で、条文を機械的に適用すればよい、と考える傾向がある。日本の刑事裁判は、起訴された被告人が有罪になる割合がきわめて高い。計算の仕方にもよるが、九九％以上と、驚異的な高さである。イギリスやアメリカでは、こんなことはありえない。

＊

英米法では、裁判官が法を体現している（法を体現しているのが裁判官である）という感覚がある。コモン・ローの伝統にもとづくものだろう。刑法はもちろん罪刑法定主義だから、条文に書いてないことで罪に問われたりしない。それでも法は、条文とは別なところにあるという精神も息づいている。

アメリカで、私の知り合いが裁判所から呼び出された。歯科医の治療費が払い終わっていなかった。治療を受けて数千ドルは払った。でも学生で、卒業しても収入がなかったので、残りの一〇〇〇ドルあまりを払えなかった。すると歯科医は、請求書を、取り立て会社に売ってしまった（アメリカには、借金を専門に買い取る会社があって、借金をたぶん額面より安く買い取って、あとで本人から取り立てて商売にしている）。取り立て会社が、法廷に訴えたのだ。

呼び出しの当日に裁判所に着くと、法廷では、判事の前に列ができている。刑事事件ではなくて少額の民事裁判なので、判事の即決で進んでいく。知り合いの番になった。書記が説明する。歯科医院の請求書で、本人は学生で、数千ドル払って、残りの一〇〇〇ドルあまりが未払いです。判事は書類をちらりと見て、宣告する。「case dismissed!」。借金はちゃらになってしまった。歯科医はちゃんと儲《もう》けているのだから、これ以上、学生をいじめるな、ということらしい。ものの数分もかからない。裁判官が法を体現しているから、こういうことができる。

日本人は、借金は借金でしょう、と考えるかもしれない。それをちゃらにするのが法なのか。英米法でも、法は法である。でもそれは、人間のためにある。法を人間に、適切に適用するのが裁判官の務めなのだ。

＊

別の知り合いの話。アメリカで交通事故を起こした。保険金は一部下りたが、残額をめぐって保険会社同士の話し合いがつかない。このままだと裁判になる。私は知らなかったが、アメリカでは民事も陪審制で、州によって違うが、選ばれた市民が評決で決めるらしい。市民は、裁判官と違って素人なので、判決の予測がつかない。時間もかかるし、リスクもある。結局、保険会社の弁護士同士のかけひきで、じゃあこの辺で、と一部弁済の結論になった。和解成立である。

英米法のやり方の、教訓その一。紛争は法律で解決する。その二。裁判は、しばしば予測がつかない。その三。裁判を避けたければ、適当に話し合って妥協する。でも、話し合って合意するのは、法ではない。

＊

裁判官の決定が、このようなものだとすると、これは生成ＡＩになじまない。人びとは、裁判に、理不尽な出来事の合理的な解決を求める。誰もが納得できる解決がみつからないからこその、裁判である。それが納得できるのは、法律を体現する人間が、そのように判断したということ。人間が判断するのでなければ、裁判にならない。

自分も人間であり、裁判官も人間である。人間である点に、違いはない。ともにこの社会を生きる仲間として、裁判官に法の判断をまかせる。これが、法を信頼するということなのだ。

結論。**裁判官は、人間がやるべきで、生成ＡＩに任せることはできない。**

＊

では、生成ＡＩは、裁判にまるで役に立たないのか。

そんなことはない。審理を進め、判決を下すまでには、さまざまな補助作業がある。準備書面の整理。関係法令の確認。学界の通説の整理。とりわけ大事なのは、過去の判例を参照することだ。類似の判例は数多い。裁判所の職員が担当することもある。

判例がすべてデータベースになっていると、ＡＩは性能を発揮できる。すみやかに適切に、関係の深い判例を探し出すだろう。裁判官は、とても助かる。

生成ＡＩがこのように使えると、人びとの負担が減り、裁判の質が高くなるだろう。

＊

生成ＡＩは、判決を書け、と言われれば、それらしいものは書けるだろう。

だがこれは、やってはいけない。裁判制度の根本が崩れる。裁判官は、頭をひねりながら、自分の言葉を紡ぎださなければならない。それは、小説家が、自分で一行ずつ、書き進めなければならないのと同じだ。筆が進まず、書くのに詰まることもある。それを含めて、書けないことも含めて、書くことなのである。

2・2　ビジネス仕様の生成AI

本社の業務と生成AI

さて、企業の本社は、さまざまな定型の業務を行なう。定型ではない、マネジメントも行なう。これを図式化すれば、ちょっと乱暴だが、

本社の仕事 ＝ 定型の業務 ＋ マネジメント

と書いてみてもよい。

分量から言えば、定型の業務が大部分で、マネジメントは一部分である。

従事する人数から言えば、定型の業務が大部分で、マネジメントにたずさわる人びとは

少人数である。トップ・マネジメントの人びとはもちろん少人数だが、それ以外にも、各階層でマネジメントをになう人びとはいる。それを含めても少人数だ。

重要性から言えば、マネジメントが重要である。企業を舵取《かじと》りし、その方向を決める。マネジメントが失敗すれば、企業は破綻《はたん》してしまって、存続できない。

＊

ではこの、定型の業務の部分を、ひとつひとつ個別にソフトに置き換えればよいのだろうか。ＤＸ（デジタル・トランスフォーメーション）は、そのレヴェルを抜け切っているのか。

定型の業務にあわせて、ちょうどよいソフトを導入する。やらないよりはよい。能率も改善される。どの企業も、もうとっくにやっている。

＊

ただ、生成ＡＩの潜在能力を最大限に活かすには、この程度では足りない。

個別ソフトは基本、人間の入力作業を補佐するもの。入力するたびに、画面で確認し、その先に進む。つまり、

生成AI——人間——生成AI——人間——生成AI——…

という連鎖になっている。入力の作業負担を軽減しているだけで、それ以上ではない。生成ＡＩが全部の作業をやって、人間はそれを確認するだけ、が望ましい。

生成ＡＩが、さまざまな定型の業務を最初から最後まで処理し、途中で人間の手を借りなくてよいようにするには、ＣｈａｔＧＰＴのような対話型生成ＡＩのその先に進む必要があるだろう。

ChatGPT超えの生成AI

ＣｈａｔＧＰＴは、膨大な言語データをまるごと記憶して、そのうえで、もっともらしい文章を、確率を使って生成する生成ＡＩである。膨大な言語データとは、これまで人間がうみだした文章ほぼすべての集合のこと。生成ＡＩは、それを学習し尽くしたあと、質問に答える。

言ってみると、こんな感じだ。将棋ＡＩがあるとする。いままでの棋譜をまず全部覚えさせる。そして、学習し尽くす。そのあと、人間を相手に、勝てそうな最善手を順に繰り出していく。プロを相手にしても、それなりに戦えるだろう。けれども、これまでの棋士より段違いに強い人間が新しく現れた場合、勝てるとは限らない。その棋士はまだ棋譜を残していないのだから。

*

別のタイプの将棋ＡＩは、棋譜を覚える代わりに、この局面から先の手をどこまでも読んでいく。枝分かれがあるので、たいへんな場合の数だ。詰みがあれば、勝負ありだ。詰みまで読みきれなければ、なるべく形勢有利な局面になるような手を打つ。

この将棋ＡＩは、何をしているのか。人間の棋士と同じように、なるべく勝つ可能性を高めるように、最善手を打とうとしている。ある意味「考えて」いるのだ。「確率論的オウム」で何も考えていないＣｈａｔＧＰＴ、より上のことをしようとしている。

生成ＡＩにはいろいろなタイプがある。では、どんな性能があれば、本社の機能を強化するのにぴったりなのだろうか。

ビジネス特注の生成ＡＩ

ここから先にのべることは、私の想像である。

マイクロソフトや、グーグルやメタがこんなことを考えているのかどうか知らない。どこかのスタートアップ企業が考えているかもしれない。と言うか、日本のベンチャーが実際にこんなシステムを開発してほしい。ぜひ早めに。既存の大規模言語データを使わせてもらえるなら、そんなに開発費はかからないはずだ。

その完成モデルは、こんな感じである。さきほどのｃのプランを、もう一歩、その先に進めたものだ。

◆中小企業向け生成ＡＩ「未来マネジメント」（モデル２０２４）
この生成ＡＩソフトの導入をお勧めします。
・業務効率が劇的に改善します。
・人手不足が解消します。
・経費が節減できます。
・ヴァーチャルの課長五名、取締役三名を搭載したモデルです。
・案件の起案をお手伝いします。
・課長会議、取締役会を設定し、司会進行をします。
・議事録や決裁書類を作成します。
・経理システム、人事システム、給与システム、社会保険システム、営業支援システム、そのほかを標準装備しています。
・最初の一年間は、エンジニアが御社に常駐して、スムーズなシステムの作動をお手伝いします。
☆販売価格…当初費用二〇億円。以後毎年ヴァージョンアップ一億円。
☆ご注文でシステムを手直しする場合は、見積もりに応じます。
☆キャンペーン期間中は、デモンストレーションを、無料で体験いただけます。

このシステムを、どんなふうに開発すればよいだろう。

会社をまるごとコピーする

このシステム「未来マネジメント」を開発するのが、ベンチャーの「未来ビジネス社」だと仮にしよう。顧客にソフトを納入する前に、まず、プロトタイプ（テスト版）を完成しなくてはならない。

それには、標準的な会社の、社内データが必要だ。

未来ビジネス社が、自社のデータを使うのが、いちばん安上がりで手っとり早い。けれども、スタート間もないベンチャーの未来ビジネス社は、そんなに社員の人数も多くないし、歴史もない。社内データが蓄積されていない。社内のルールもふらふらしている。プロトタイプにするには心もとない。

ではどうする。

適当な会社をみつけて、開発パートナー（協力会社）になってもらおう。本社職員一〇〇人ぐらい、創業一〇年以上、の会社がちょうどいい。サイズがぴったりだ。

こう交渉する。「ビジネス生成ＡＩを開発するので、実験台になってください。御社のビジネスのデータすべてを文書か電子データで提供いただきます。最低でも過去一年分をお願いします。微妙な情報もあるでしょう。ご安心ください。守秘義務は厳守します。たいへんなお手間をかけます。業務に影響もあるでしょう。その補償として、些少《さしょう》ですが、一億円をお受け取りください。また、開発が成功してビジネスソフトの売上げが順調に伸びた場合には、売上げの一％を開発協力費としてお支払いします（ただし、一〇億円を上限とさせてください）」みたいに。

開発チームに余力があるなら、協力会社は、いろいろな業界から、複数社を選ぶのがよい。業界ごとに特徴があるだろうから、よいデータがとれる。

要は、ある会社の業務を、まるごとそっくりデータとしてコピーするのだ。

＊

とは言え、やはりデータは、自社（ソフト「未来マネジメント」を開発する当の未来ビジネス社）からえるのがいちばんよいだろう。

自社は、想定される顧客の標準（本社の職員一〇〇名、創業何十年）とぴったりではないが、そこには目をつぶろう。

自社は、いままさに、「未来マネジメント」という新製品を開発しようとしている。コンセプトの決定、開発スケジュール、技術的側面の検討、開発資金の調達、協力会社の選定、新規スタッフの採用、関係法令の調査、市場調査と販売計画、広告戦略…。いくらでも業務があり、しかも前例のないことが多い。

これらの業務をどう進めているかのデータがそっくりそのまま、このソフト「未来マネジメント」のモデルに使える。出来かけのソフトを実際に自社の業務で使ってみる。実証実験がそのまま業務になる。こんなうまい話はない。

ソフトに不具合や、改良したほうがよい点がみつかったら、すぐに直して、もう一回業務をやり直す。今度はうまく行くか、試してみる。これが、「未来マネジメント」の開発のやり方だ。

ヴァーチャル課長は五人

では、「未来マネジメント」というソフトの中身を、もう少し具体的に紹介しよう。

その目玉は、ヴァーチャルなマネジャーが、業務の流れを仕切ることである。

＊

ヴァーチャルなマネジャー。顔があって、音声があって、実際の人間のように、そこに存在している。あなたやわたしのような従業員と一緒に、会社の業務に参加する。

会社は、ピラミッド組織なので、職階がある。そこで、課長／取締役、の二段階の階層をもうけることにする（あとで、もっと複雑なシステムをこしらえたければ、部長や本部長や副社長などを追加する）。こんな感じだ。

○社長

○取締役	●経理課長	○経理課員
○取締役	●人事課長	○人事課員
○取締役	●総務課長	○総務課員
●取締役	●営業課長	○営業課員
●取締役	●研究開発課長	○研究開発課員
●取締役	○秘書課長	○秘書課員

※ここで、○印は実際の人間の職員、●印はヴァーチャル職員、である。

管理職は、（秘書課長を別にすれば）全員、ヴァーチャルに置き換えられてしまった（秘書課長は、社長の日常業務をサポートするので、人間としてのサーヴィスが必要だ。だから、ふつうの人間のままにしておいた）。

管理職が五人なのは、少なくみえるかもしれない。でもその昔、日本の企業の本社が五人程度の課長のもとで回っていたことを思い出そう。高度成長期になって、大学新卒の大量採用が始まり、組織が水ぶくれしてしまった。それを元に戻すだけである。

画像と音声と文章と

さて、五人のヴァーチャル課長は、それぞれ自分の顔と声と名前をもっている。顔と声は、生成ＡＩがつくり出したもの。名前は、ふつうの人間の名前でよい（社外のひとが実在の人物と間違えるといけないので、初めのうちは名前に目印をつけておくとよいかもしれない）。女性の社会進出が望まれていることから、五人のうち三人は女性がよいと思う。

＊

五人は、経理課長／人事課長／総務課長／営業課長／研究開発課長、と部署が分かれている。みんな同じでもいけないので、なにか個性があるといい。松下幸之助《まつしたこうのすけ》さんとか、本《ほん》田《だ》宗一郎《そういちろう》さんとか緒方貞子《おがたさだこ》さんとか、（著作権や肖像権の問題がクリヤーされればだが）若いころの顔と声とお名前を拝借できれば、部下はやる気がでる。あるいは、著作権や肖像権がそろそろ切れているかと思われる、その昔のリーダー（伊藤博文とか後藤新平とか團琢磨《だんたくま》とか）もよいかもしれない。

有名人のよい点は、書かれた文章や音源が残っている場合があって、その人物がいるかのようなリアリティを生成ＡＩで構成しやすいことである。口癖や、背景となる知識や見識、価値観がにじむのは、共に働く人びとにとってよい学びになる。

有名人でなくても、会社によっては、先々代の創業者とか殉職した同僚とかに忘れがたい思い入れがあって、そのアバターと一緒に働きたいと思っているかもしれない。そういう場合には、データをもらって、人物を造形できる。

取締役会は議論の場

プランが揉《も》まれて、固まって、社の決定が下されるのは、取締役会である。

取締役会は、社長と数名の取締役のほか、三名のヴァーチャルの取締役（アバター）を用意してみる。三人は特に所管がなくてもよく、自由に発言する。たとえばだが、つぎのようなキャラクターを設定してはどうだろう。

・石部金吉…とにかく慎重でリスクを深刻に考え、先例を熟知し、安全第一。

・早野先駆け…とにかく積極的で大きなビジョンを描き、世界の状勢に明るい。
・八方聡子…財務や人事に明るく社内事情に通じ、合理的な最善策を模索する。

三名は、取締役にリモート参加して、スクリーンのうえで議論を交わす。三名とも、案件の内容についてはよく理解している。

石部取締役と早野取締役はとかく激論になる。議論が片寄るところを、八方取締役が適切に軌道に乗せる。もちろん、社長やほかの取締役も、積極的に発言する。

議論が進むうち、案件の多様な側面がくっきり浮かび上がってくる。意思決定のための材料が出揃ってくる。

＊

ヴァーチャル取締役は、せっかくだから、外国籍のひとのほうがよいかもしれない。
・Stubborn Stonebridge　…石部金吉取締役と同じ設定
・Rapid Advancewood　…早野先駆け取締役と同じ設定
・Rosy Smartround　…八方聡子取締役と同じ設定

会議では、英語で発言するとしても、イヤホンからはその翻訳が同時に聴こえてくるから、問題ない。

＊

取締役会は、人間の取締役とヴァーチャル取締役とが対等に討論するが、議決に加わるのは人間の取締役だけである。株主総会に責任をもつのは、株主総会で選任された人間の取締役だけだからだ。

取締役会の議事録は、生成ＡＩが自動的に作成する。人間の役員たちは、それを確認してチェックするだけでよい。

＊

取締役会で企画のプレゼンをする場合もあるだろう。

たとえば、研究開発の企画の案件であれば、研究開発課長から上がってくる。研究開発課長はヴァーチャル職員だ。そこでプレゼンは、研究開発課の課員が行なう。生身の人間が出て行って、自分の言葉と才覚でプレゼンを行なう。その人間力をつけておくことが、大切だ。

プレゼンに対して、ヴァーチャル取締役から、容赦のない質問や意見が飛んでくるだろう。それをはっしと受け止めて、はね返す。企画がちゃんとしていれば、それができて当然だ。

この企画を決裁した研究開発課長は、ヴァーチャル課長。取締役会の場で、成り行きを見守っている。質問されれば答えるが、自分からは発言しない。プレゼンがもたついても助け船は出さない。こういうメリハリが大切だ。

＊

なぜ、ヴァーチャル職員に頼ってはいけないか。

ヴァーチャル職員は、社内では、生身の職員と肩を並べ、机を並べて、業務を進めているかもしれない。しかし、会社の外で、会社を代表して行動することはできない。停電になればその途端、影もかたちもなくなってしまう存在だ。企業が、そんなものに頼ってはいけないのである。

だから、ふだんの業務こそ、ヴァーチャル課長に助けてもらい、ヴァーチャル取締役に後押ししてもらうとしても、ほんとうは業務は全部、自分がやっているのだぞという自負が、人間の職員にはなければならない。それを、生成ＡＩがスポイルしてしまってはいけない。

管理職がいない

ところで、一〇二ページの組織図によると、「未来マネジメント」には管理職がいないことに、気づいただろうか。

管理職がいない。生成ＡＩが本社業務をサポートする組織に、中間管理職はいらないのだ。案件は、一線の現場から、ヴァーチャル課長の決裁をうけて、ただちに取締役会にあがっていく。取締役会にあげなくてよい案件は、担当の取締役（これは、人間）が決裁して終わり。中間管理職がないのだから、昇進もない。平社員から始まって、だんだん昇進し、肩書がつき、部長や本部長になり、最後は取締役をめざすという、いわゆる昇進は想定されていない。あるとすれば、突然抜擢《ばつてき》されて、取締役になる場合だ。

管理職がいない。これが、ソフト「未来マネジメント」のミソである。

＊

そもそもなぜ、組織には中間管理職が必要なことになっていたのか。

それは、コミュニケーションの性質。社会学的な理由である。

人間は、何人ぐらいのグループだと、円滑にコミュニケーションがとれるか。三〜五人ぐらいであるという。それ以上になると、意思疎通が十分でないメンバーが現れてくる。一〇人ぐらいだと、ひとりの人間の目の届く範囲を超えている。ふたつか三つのグループに分かれてしまうかもしれない。

ではどうするか。

十分ちいさなグループを、いくつも積み重ねる。うまくまとまれるグループの人数が五人だとしよう。二段に重ねると、五×五＋一で、二六人である。三段に重ねると、二六×

五＋一で、一三一人である。…という具合で、仮に一万人を階層状の組織に編成すると、七段ほどになってしまう。トップまで、七つもの階層がある。トップの意思は、現場（一線）には伝わらないし、一線の実態は、トップまで伝わらない。

＊

このやり方だと、組織は機能不全になる。それを何とかしようとするのが、管理職である。

管理職は、現場（一線）と経営層（取締役会）との板挟みだ。経営層は、経営の観点でものをみて、現場を指揮しろ、やる気を出させろ、と管理職をせっつく。ほかに手段がないからだ。現場は、経営層への不平不満や、管理職に責任のない抗議や要求を、管理職にぶつける。自分の立ち位置がはっきりせず、解決の糸口もわからないので、管理職は誰もが悩む。何とかしようにも、どうにもならないことが多い。大した権限もないのに、責任が大きい。悩める管理職。これは普遍的な現象だ。

＊

企業の意思決定は、トップが行なう。企業の実際の業務は、現場（一線）が行なう。このふたつがあればいいはずで、中間管理職はいらない。もしも、現場（一線）とトップのコミュニケーションがうまく行きさえすれば。

では、そのコミュニケーションをうまく行かせようではないか。これが、「未来マネジメント」のコンセプトだ。

組織は二層でよい

昇進できない従業員を、昔は「万年平社員」などと馬鹿にした。

ある程度、経験を積んで、仕事ができるようになると、昇進するのが当たり前。昇給するのも当たり前。こういう考え方で、漫然と設計されている組織が多い。

それ以外の選択肢がなかったこともある。

するとどうなるか。人びとが順番に昇進するので、管理職のポストが足りなくなる。そもそも階層的な組織は、ピラミッド状に出来ているので、ポストは上に行くほど少なくなる。上が突っかえて昇進できないのは当たり前なのだ。階層組織は、誰もが昇進するようにできていないのである。

この矛盾を解決するため、ポストを無理やり捏造《ねつぞう》する。副部長。部長待遇。課長代理。主任。室長。高血圧で動脈瘤《りゅう》ができるように、組織が詰まって流れが悪くなっている。

たいていの組織は、「何等級何号俸」みたいな俸給表をそなえている。階層のランクと勤続年数を組み合わせて、誰からも文句が出ないように俸給を決める。こんなやり方をこれからも続ける組織に、未来はない。

＊

生成ＡＩソフト「未来マネジメント」が動く本社では、従業員は、現場（一線）の職員か、さもなければ経営者（取締役）である。ピラミッド組織ではなくて、トップと現場のシンプルな二層構造だ。

管理職は、どこに行ったのか。ヴァーチャルな管理職がいるだけ。生成ＡＩが取って代わったのだ。

だから、昇進という概念はなくなった。みんな現場（一線）で仕事をする。取締役にならない限りは。言ってみれば、小中学校の教員のような組織だ。あるいは、文化祭実行委員会のような組織だ。じゃあ、みんな一列だから、違いはないのか。いや、仕事の力量が違う。能力が違う。経験が違う。プロジェクトの責任者になって、チームで大きな仕事を動かすかもしれない。プロジェクトが終われば、そのチームは解散、もとの個人に戻る。昇進はないけれども、待遇（給与）は仕事ぶりに応じて上昇する。へたに管理職になって現場から離れたり、部下のいない閑職に回されたりすることがない。責任を負わず気楽に働くこともできるし、自分からいろいろなプロジェクトを提案し、主導して、存分に働くこともできる。なにしろ、中間管理職がいないのだ。いるのはヴァーチャル課長だけで、よい提案を邪魔せず応援してくれる。提案書を得意の生成ＡＩの能力でまとめて、担当の取締役を説得したり、取締役会に提案したりしてくれる。風通しのよい、働きやすい職場ではないだろうか。

2・3 「未来マネジメント」カンパニー

では実際に、社内の手続きがどんなふうになるか、例をあげて考えてみよう。

ヴァーチャル課長、大活躍

たとえば、外国籍の職員を雇用すると、補助金が出ると政府から連絡がきたとしよう。連絡を受けた人事課の職員のA氏（H）が人事課長（V）に連絡すると、キミが担当しなさい、と指示された（ちなみに、Hは人間、Vはヴァーチャル、の意味である）。

A氏は、生成AIに相談しながら、起案書を作成する。「外国籍職員採用にかかわる補助金申請について」。だいたいこんな書類だ。

・補助金を申請することの決裁書（案）
・補助金を申請することのメリット、デメリット

・本社における外国籍職員の雇用の現状と、これまでの推移
・本社における、過去の関連文書（外国籍職員の増員計画、など）
・外国籍職員の今後五年の採用見込み・補助金が交付された場合の担当者と、人事課の体制
・他社での外国籍職員採用の参考事例
・ダイバーシティについての留意事項

二番目以下は、参考資料である。

＊

これを人事課長（V）に提出すると、課長（V）はただちにミーティングを設定した。A氏をはじめ人事課の課員全員、くわえて、経理課長（V）、研究開発課長（V）が出席する。総務課長（V）と営業課長（V）は出席しないが、生成AIを通じて、情報はすべて共有される（ちなみに、ヴァーチャル課長は、同時に複数の会議に出席できるので、スケジュール調整がとても簡単である）。

＊

ミーティングは人事課長（V）が司会する。人事課の課員はパソコンの画面を前に、人事課長（V）や研究開発課長（V）と対話する。研究開発課は、外国籍の職員を増やす予

定がある。書類を準備したA氏が説明し、この補助金は申請するのがよい、と判断をのべる。人事課長（V）は、書類について整えるとよいところなどを、提案する。補助金を受けている途中で、外国籍の職員が帰国したり転職したりして退社したら、どうなるかについて議論した。人事課長（V）がまとめた。では、この件は、担当の取締役に報告して、取締役会に諮りましょう。ミーティングのあとA氏は書類をもう一度チェックし、人事課長（V）を通して、担当の取締役に届ける。

この案件は、あまり問題がなくて、人事課のA氏が自分の裁量で判断できる範囲だとも言える。人事課長（V）は、人事課員とこの案件を共有し、社内のコミュニケーションをはかって、この案件を最終決裁に向かうルートに乗せた。

取締役会でのやりとり

この案件を、人事課長（V）から受け取った担当の取締役（H）は、書類に目を通し、何点か人事課長（V）に質問して確認した。そのあと、この案件を、次回の取締役会の議題とするように、総務課長（V）に回した。

つぎの取締役会に、この案件が諮られた。取締役はみな事前に案件に目を通している。例によって、石部金吉取締役（V）がいろいろ懸念をのべ、早野先駆け取締役（V）が多国籍採用の利点をのべる。八方聡子取締役（Ｖ）が慎重に発言する。彼らヴァーチャル取締役は、ゲートキーパー役なのだ。それを踏まえ、取締役たち（Ｈ）が討論を続け、採決の結果、賛成多数で裁可された。

＊

起案から裁可まで、二週間だった。

生成ＡＩ「未来マネジメント」は、起案から裁可までの記録を作成して、ファイルに保存した。もちろん複数の記憶媒体に、バックアップがとられる。また文書はそれぞれ重要度に応じて、閲覧に許可が必要な、閲覧制限もかけられている。閲覧記録も自動的に保存される。文書管理は万全だ。

ヴァーチャル課長は多言語対応

ヴァーチャル課長は、いろいろ利点がある。

第一に、疲れを知らない。身体がないのだから、疲れない。どんな仕事も、あっと言う間に片づける。夜も寝ない。帰宅もしないし、そもそも家族がいない。会社の帰りにちょっと一杯、ができない。たまには、会議のあいまに、ヴァーチャルでお茶の時間をつくってみんなでおしゃべりタイムをつくるとよいかもしれない。

第二に、記憶力が抜群だ。社内のあらゆる文書に通じているし、世界情勢にも詳しい。一人ひとりの職員が、どんな仕事をしてきたか、何を話したか、を覚えている。自分のことを覚えてもらって、だんだん親しくなることができる。

第三に、情緒が安定している。あわてたり、怒ったり、落ち込んだり、調子に乗ったりすることがない。怨《うら》みに思わない。嫉妬《しっと》もしない。ときどき冗談ぐらいは言う。そして、職員の個人的事情を配慮してくれて、優しい。

第四に、予定が重なっても、同時に二箇所、三箇所に現れることができる。だから、ミーティングの予定が立てやすい。出張のために、新幹線や飛行機に乗ったりする必要がない。人間の職員もリモート勤務が増えてきて出張は減ったが、ヴァーチャル課長はもともとすべてがリモート勤務なのである。

＊

そして第五に、ヴァーチャル課長は多言語対応である。こんなに素晴らしいことがあるだろうか。

いったい世界の何カ国語ができるのだろう。日本語、英語はもちろんとして、少なくとも、中国語、韓国語、広東語、スペイン語、フランス語、ドイツ語、ロシア語、イタリア語、インドネシア語、タイ語、ベトナム語、アラビア語、スワヒリ語などなら問題なく対応できる。ふつうに会話し、同時に文字を表示することができる。

多言語のミーティングを開くのに、ヴァーチャル課長は抜群の能力を発揮する。

日本人と中国人とイギリス人とベトナム人が会議したとしよう。みんな英語ができるとしても、会話が弾まない。ヴァーチャル課長がミーティングを仕切ると、こんな具合で議論が進む。日本人が日本語で話す。中国人とイギリス人とベトナム人のイヤホンに、中国語、英語、ベトナム語が流れる。中国人がそれに対して、中国語で発言する。日本人とイギリス人とベトナム人のイヤホンに、日本語、英語、ベトナム語が流れる…。このように、多国籍で多言語の人びとが一緒にミーティングをしても、めいめいが自国語を話しているのに、無理なく会話が成立し、会議が成り立つのだ。

＊

文書も同様である。日本人と中国人とイギリス人とベトナム人のミーティングに、日本人が日本語の文書を用意したとする。それがたちまち、中国語、英語、ベトナム語の文書になって表示される。めいめい、自国語の文書を読めばよいので楽である。同じことで、中国人、イギリス人、ベトナム人は自国語で文書を用意すれば、案件の起案ができる。

これまで正式な文書は日本語だった。これからは、日本語のほかに、中国語や英語やベトナム語や…も正式な文書として採用されたようなものだ。

＊

結論。日本語や英語の能力が十分でなくても、仕事の能力さえあれば、世界中の人びとが日本の企業で対等に働くことができる。

生成ＡＩソフト「未来マネジメント」を採用した企業では、世界中のどの国のひとでも、言語に関係なく働ける。そういう企業が増えれば、どれだけビジネスの可能性が拡がるか、想像できるだろうか。

＊

大型案件の場合

さて、比較的小型の案件が、どんな社内手続きを経るのか、例をみたので、今度は大型の案件の場合はどうなるか、考えてみよう。

いま、この会社が、生成ＡＩソフト「未来マネジメント」の開発を請け負うかどうかを決めるのだとしよう。

（ちょっと説明。ややこしいかもしれないが、いま、「未来マネジメント」で動いている企業「未来ビジネス社」が、大型案件をどう扱うのかをみるために、例をあげている。その例が、「未来マネジメント」の開発である。タコが自分の足を喰うような話になっている。この企業は「未来マネジメント」のテスト版を使っていて、受託するのは「未来マネジメント」の本格版の開発なのだ、と考えてもらいたい。）

この話は、担当の取締役と研究開発課に照会があった。発注元は、生成ＡＩ超大手の日本代理法人。これこれ、こういう性能をもった生成ＡＩソフトを開発できますか。期限は受託から二年間で、費用は四〇億円。グーグルの開発した大規模言語モデルを、無料で自由に使用できます。回答は、照会から二カ月以内にお願いします。

この会社にとっては、大きな受注になる。

＊

まず、このプロジェクトを受注するかどうか検討する、チームを立ち上げることになった。一回目のミーティングは、担当の取締役の指示のもと、ヴァーチャル課長五名の全員と、担当取締役、八方聡子取締役（Ｖ）、研究開発課の職員三名、経理課、人事課、総務課、営業課の職員一名ずつ。もちろん、照会があったという情報は、取締役全員に伝えられているし、ミーティングをもつことは、社長の了解もえている。

ミーティングは数日以内に、リモートで設定された。研究開発課の職員Ｃ氏らが、研究開発課長（Ｖ）と相談しながら、つぎのような書類を準備した。

・提案書「生成ＡＩソフト『未来マネジメント』開発プロジェクトを受注する件」

・生成ＡＩ超大手の日本法人からの提案書
・「未来マネジメント」開発チームの構成案
・「未来マネジメント」開発にかかる予算案（概算版）
・生成ＡＩ系のマネジメント・ソフトの市場規模予測（予備調査版）
・開発された「未来マネジメント」ソフトの権利関係（予備調査版）
・「未来マネジメント」開発にかかる新規採用計画（概算版）
・「未来マネジメント」開発にかかる協力会社のリスト（予備調査版）
・「未来マネジメント」開発のタイムテーブル（予備調査版）

＊

一回目のミーティングは、研究開発課長（Ｖ）の司会で始まった。大きめのプロジェクトなので、Ｃ氏以下研究開発課の面々は、緊張気味である。

参加メンバーは全員、事前に準備した書類に目を通している。経理課の職員は、この仕事が受注できれば、本社の財務にだいぶプラスになる、と発言する。人事課の職員は、マンパフーがタイトなので、これだけの受注をすると、研究開発部門を中心に新規の採用をする必要がある、と発言する。研究開発課の職員は、仕様どおりのソフトを完成させるには、いくつもの技術的に詰めなければならない問題があるので、受注するにしても条件をつけたほうがいい、と発言する。条件とは、仕様どおりにソフトが仕上がらない場合にも、空振りになった経費の分担を発注者に求めることである。

人事課長（V）、経理課長（V）、総務課長（V）、営業課長（V）が順に発言して、修正を提案した。研究開発課長（V）が、いくつか修正を加えたうえで、「未来マネジメント」開発チームの発足を、取締役会に上申することにしたいがどうか、と提案した。賛成多数で、そのように決定した。

このミーティングでは、ヴァーチャル課長も、賛否の意思表示をする。社内の会議なので、株主に対して直接に責任を負う決定ではないからである。

この決定まで、照会があってから、四日かかっている。

取締役会は紛糾する

このミーティングのあと、研究開発課長（V）と課の職員が相談して、取締役会にあげる提案書をまとめた。その要点は、こんな具合だ。

・「未来マネジメント」開発チームは、つぎのように構成する。

チームの責任者　　担当の取締役（H）

チームの副責任者　　研究開発課長（V）

チームの担当部署　研究開発課　職員C氏（H）、L氏（H）、M氏（H）、N氏（H）
チームの事務局　研究開発課　人事課　職員E氏（H）
経理課　職員I氏（H）
エンジニア1班　研究開発課　職員二名、臨時職員二名
2班　研究開発課　職員一名、出向職員一名、新規採用職員二名
3班　研究開発課　職員一名、P社職員二名、Q社職員二名

・ソフトは、パートナーのP社、Q社の協力をえて開発する。
・開発が二年で完了することが見込めないため、スケジュールに弾力性をもたせるように、発注元と交渉する。

以上の内容を、提案書にまとめ、研究開発課長（V）が担当取締役（H）に提出した。担当取締役は、提案書をみて、次回の取締役会の議題にするよう、総務課長（V）に依頼した。また、社長にこの件を報告した。

＊

それから三日目に、取締役会が開かれた。
取締役会に出席したのは、いつものように、社長以下、取締役（H）全員と、三名のヴ

ァーチャル取締役。そのほか陪席が、起案を担当した研究開発課の職員C氏（H）、M氏（H）と、研究開発課長（V）、人事課長（V）、経理課長（V）だった。

最初に、担当の取締役が、提案書を説明した。そのあと、自由討論になった。例によって、ヴァーチャルな取締役の三人が、活発に発言する。討論を通じて、このプロジェクトの多様な側面や、奥深い背景が明らかになっていく。

自由討論で議論されたポイントは、以下のとおりである。

1. 発注者が開発したい、生成ＡＩによるソフト「未来マネジメント」は、どういう性能をもつものか。何ができなければならず、何ができなくてもいいのか。
2. そういう性能をもつソフトを開発するために、生成ＡＩにどんな新しい機能を追加すればいいのか。
3. そのソフトに読み込ませる新しい言語データのセットをどのように収集するか。
4. その機能を追加するために、どの程度の能力のあるエンジニアが何人でどれくらいの時間をかければいいのか。
5. 期限の、受注から二年間で開発が終了しない場合、どういうふうに始末をつければいいか。
6. このプロジェクトにこれだけ資源を投入すると、ほかの業務にしわ寄せが来ないか。

7．このソフトの開発の、実証実験を本社で行なうと、生のデータが取れるのはよいけれど、業務に支障が出るのではないか。

議論の結果はこうなった。ポイント2の論点がはっきりしないので、もっと掘り下げたうえで、次回の取締役会で議論を継続する。しかし、時間が迫っているので、「未来マネジメント」開発チームの「準備会」をスタートさせる。メンバーは提案書の通りとし、その「準備会」で、ポイント2の論点や、ほかの論点を整理し、提案書を用意する。

仕切り直し

取締役会のあと、担当の取締役（H）と研究開発課長（V）、同課の職員L氏（H）が協議した。研究開発課の職員全員が手分けをして、ポイント2の論点について調査すること、そのほかの論点についても、研究開発課長（V）と職員L氏（H）が整理して、提案書の改訂版をまとめること、を決めた。

研究開発課長（V）は、以上のことを、研究開発課の職員（H）全員に指示した。「準備会」の最初のミーティングは、三日後だ。

＊

「準備会」の第一回ミーティングには、担当の取締役（H）とエンジニア班の臨時職員や社外職員を除いて、全員が出席した。

調査の結果を持ち寄り、生成ＡＩソフト「未来マネジメント」に、今回新たに追加するのはつぎのような機能である、と整理した。

・既存の大規模言語モデル（グーグルが提供）に、社内のビジネス文書のデータを追加する。

・大規模言語モデルを土台に、つぎのような機能を新しく追加する。

ａ．ヴァーチャル課長、ヴァーチャル取締役などの、ヴァーチャル・キャラクターを複数、創作する（名前、画像、履歴と性格、学習と記憶…）。

ｂ．ミーティングのシステムの構築。生身の職員（H）とヴァーチャル職員（V）が共存する。

ｃ．多言語対応のシステムの構築。生身の職員（H）に、音声と文字で翻訳を提供する。文書も多言語で処理できるようにする。

ｄ．ミーティングの議事録を、自動的に作成し保存する。

こういうことだ。

＊

ＣｈａｔＧＰＴのような対話型のソフトは、人間ひとりが生成ＡＩと向き合ってやりとりするだけなので、構成が簡単だ。

ところが企業は、複数の人間が集まってできている。対話型のソフトは、職員一人ひとりをサポートするかもしれないが、企業のマネジメントを劇的に合理化することはできない。

そこで、生成ＡＩが、企業の職員の役割を果たせるなら、その制約を突破できる。生成ＡＩは、さまざまな点で、人間の能力を上回っている。仕事が速い。記憶力。専門知識。ほかのヴァーチャル職員との意思疎通が完璧なこと。多言語対応能力。休まないこと。複数のミーティングに同時に出席できること。マイナスの感情を抱かないこと、などなど。企業の中間管理職を、生成ＡＩのヴァーチャル・キャラクターにすべて置き換えてしまえばよいのだ。

＊

研究開発課長は、以上の結果をあっという間に整理し、提案書の改訂版を作成した。そして、担当の取締役の了解をえて、次回の取締役会に諮ることになった。提案書を、総務課長（Ｖ）に提出した。

社長が決裁

つぎの取締役会が開かれたのは、前回から一週間後のこと。出席者は前回と同じだ。

この日は、ほかの議題も多かった。それらを全部片づけてから、「未来マネジメント」の議論になった。

提案書の改訂版が議論された。新しくこれらの機能を追加すべきことについて、人びとは理解した。

それぞれの機能を追加するのに、どれぐらい困難があるか。大規模言語モデルを操作するのは、確立した技術だ。しかも、年々改良されている。画像を生成したり、同時通訳みたいに音声言語を翻訳したり、文書を別な言語にすぐさま置き換えたりする、基礎技術も確立している。

＊

いっぽう、大規模言語モデルを土台に動く生成ＡＩ上で、複数のヴァーチャル・キャラクターを設定して、独立した個人であるかのように動かすのは、初めての試みだ。この点について、取締役会で議論になった。

研究開発課の職員Ｌ氏（Ｈ）が、補足説明した。考え方はこうです。本社の職員をひとり残らず、システムの中に写し取ります。たとえば、生身の職員の私に対応して、システムのなかにヴァーチャルなL氏がいると設定します。社長や取締役（H）やその他の職員（H）も同じです。私がシステムに話しかけたり、書類を出したりすると、それは、システムのなかのヴァーチャルなL氏の行動であると、システムは認識します。システムのなかには、ヴァーチャルな課長やヴァーチャルな取締役もいます。システムのなかでは、生身の職員（H）とヴァーチャルな職員（V）は区別されず、同列に扱われるのです。

＊

石部金吉取締役（V）が質問した。それだけのシステムを組むと、ＣｈａｔＧＰＴに比べてとても情報処理量が多くなって、システムに負荷がかかると思うが、大丈夫でしょうか。

職員L氏（H）が、答えて説明した。生成ＡＩに、大規模で高性能なふるまいを学習させて、少ないパラメータで同等の性能を引き出す「蒸留」という手法があります。この手法を使ったＡｌｐａｃａという生成ＡＩは、たった４ＧＢのサイズでＣｈａｔＧＰＴのように動くといいます（清水１０１）。スタンフォード大学の研究チームが開発しました。こういう方向が可能性のひとつ。

もうひとつは、システムをふたつに分けることです。ひとつは、本社の職員のコミュニケーションをカヴァーするシステム。「未来マネジメント」の本体部分です。もうひとつは、大規模言語モデルの本体です。職員（H）の誰かが言葉を話したり文書をつくったりすると、それが大規模言語モデルに伝わり、それに対する情報が返ってきます。それが、ヴァーチャル職員のふるまいになります。このように、「未来マネジメント」システムと大規模言語モデルとのあいだでやりとりを繰り返しながら、業務が進んでいくというわけです。こうすると、「未来マネジメント」の部分がシステムとして軽くなり、動きやすくなります。

今回受注するのは、本社の職員一〇〇人規模の試作版のモデルなので、情報量が多くありません。ゆくゆくは、職員一万人、一〇万人規模のモデルを完成させて、どんな企業にも使ってもらえるものにしたいです。そのプロトタイプを今回、開発します。

＊

このあと、生身の取締役（H）もヴァーチャルの取締役も、ひとしきり発言を繰り返した。そのあと、取締役（H）で採決したところ、結果は、僅差《きんさ》で賛成多数だった。いろいろな理由で、まだ納得していない取締役がいたわけだ。

この結果を受けて、社長が、つぎのように決裁した。このプロジェクトは、スタートさせる。受注すると回答する。交渉担当は、担当の取締役（H）と、研究開発課のL氏（H）とする。契約書の原案がまとまったら、取締役会に諮ること。交渉の経過は随時、社長の私に報告するように。開発の技術的側面は、まだ十分に詰められていないから、研究開発課で調査を続けること。協力会社との下交渉も、始めてよろしい。以上。

＊

大型案件がひとつ、こうして決着した。この時点で、発注元がこのプロジェクトの打診をしてから、三週間が経過していた。

2・4　拡がるビジネスソフト

ビジネスソフトは、必ず普及する

未来ビジネス社が開発することになった「未来マネジメント」は、生成ＡＩを用いたビジネスソフトの一例である。

では、「ビジネスソフト」とはどんなものだろう。

＊

ビジネスソフトはいま現在、まだ存在していない。完全なかたちでは。でも遠からず、現れると思う。現れれば、爆発的に普及すると思う。

なぜ現れると思うのか。

まず、技術的に可能だから。少し工夫すれば、すぐにもつくれるからである。

そして、人びとが望んでいるから。人びとは、ビジネスソフトのことを知らないからいまは望んでいない。でも現れれば、これは便利だ、これこそ自分が欲しかったものだ、と直観でわかる。スマホがそうだったのと同じだ。

さらに、経済に大きなメリットをもたらすから。大勢の職員を管理するのは、けっこう大変な作業である。どの企業も苦労している。何年も訓練し、業務に通じたベテランの職員が、ほかの職員を管理するためだけに、何人も本社に張りついている。何段階ものステップに隔てられていて、経営トップの意思は現場に届かない。現場の情報は経営トップに上がっていかない。時間も手間も、人件費もムダである。そういったムダと不合理が、一掃できる。

最後に、ビジネスソフトを、採用しないわけにはいかない。ビジネスソフトは、すべての従来型の企業組織に、合わせてつくられている。同業他社が採用した場合、効率がよくなり競争力がつく。わが社も採用しないと、勝ち残ることができない。だから気がつけばどの会社も採用しているだろう。

＊

ビジネスソフト、「元来マネジメント」は、これまでの企業ができなかったことを、可能にする。実は、これが大きい。

大きな利点のひとつは、多言語対応であること。日本語のできない海外の人びとが、日本の企業で支障なく働くことができるようになる。スペイン語や中国語やスワヒリ語やアラビア語や…、海外の言語ができなくても、その国に日本人が移住してその日から働くことができる。

日本は、少子化で、経済が縮小するとみんな心配している。「未来マネジメント」は、そんな心配を吹き飛ばしてくれる。海外から優秀な労働者がどんどん日本に移住してくれば、人口はたちまち増えてしまうのである。

ビジネスソフトの市場規模

さて、「未来マネジメント」というビジネスソフトが開発されたとして、その市場規模はどれぐらいになるだろうか。

この種のソフトが、汎用《はんよう》ビジネスソフトとして、世界中のすべての企業で採用されると仮定する。

まず世界のGDPはどれぐらいか。だいたいの感覚をつかみたいので概算してみよう。世界の人口は八〇億人。一人当たりのGDPは、世界の平均が一万USドルだとしよう。すると、世界のGDPはこの掛け算で、八〇兆ドル。農業を除いた企業で働く労働者の所得がおおよそ六〇兆ドル。そのうち一〇兆ドル〜二〇兆ドルが中間管理職の人件費だとすると、この部分がビジネスソフトによって置き換えられる。つまり、一〇兆ドル～二〇兆ドル（一四〇〇兆円～二八〇〇兆円）が、ビジネスソフトの売上げの上限だ。

いまソフト「未来マネジメント」が、この市場の一％をまかなうのだとすると、売上げは、毎年一四兆円になる。巨大な新産業の誕生である！

＊

「未来マネジメント」はいちど開発すれば、あとはソフトをコピーすれば終わり、ではない。顧客の会社に合わせて、毎回手直しをし、会社が蓄積している文書データを新しく読み込み、テスト版を実際に使ってもらいながら、カスタマイズしなければならない。また、毎年のメンテナンスも必要である。それなりに手間ひまがかかる。つまり、サーヴィス労働が必要だ。

それを考えても、この潜在的な市場の大きさはすごい。まだビジネスソフトが現れていないいま、日本の企業にぜひ生成ＡＩをベースにしたビジネスソフトを、世界に先駆けて開発してもらいたい。

大規模言語モデルの使用料

「未来マネジメント」を開発した未来ビジネス社は、従業員一〇〇人の小企業だ。大規模言語モデルを、使わせてもらっていた。自分で開発したわけでもないし、経費を負担してもいない。

ビジネスソフトが売れ始めると、大規模言語モデルを開発したハイテク大手企業は、巨額な使用料を要求して、ビジネスソフトの売上げから、利益の大部分を奪い去ってしまうのではないか。

その心配はある。でも、「利益の大部分を奪い去ってしまう」ことはないと思う。

まず第一に、大規模言語モデルを開発しているハイテク大手企業は、複数ある。マイクロソフト、グーグル、メタ。ほかにも今後、出てくるかもしれない。競争するので、価格をつり上げにくい。

第二に、大規模言語モデルは、それだけでは大した価値をうみだすことができない。素材である大規模言語モデルを、最終需要者（企業）に届けて価値をうみだすのは、ソフト産業なのである。

ちょうど製鉄会社と自動車会社のような関係だ。素材メーカーにあたる大規模言語モデルの生産者が、ビジネスソフトのメーカーの利益を総取りすることはない。

ビジネスソフトと社会革命

生成ＡＩ系のビジネスソフトが、世界の企業に広まってゆくにつれ、社会を巨大な変化が見舞う。どんな変化が見舞うのか。

第一に、企業の本社機能が劇的に変化する。合理的になり、効率的になる。これまでと同じ仕事が、ずっと少ない人数でできる。ピラミッド型の組織は意味がなくなり、ひと握りのトップの経営層と、現場で働く人びととの二層になる。中小企業も大企業も、同じ運命をたどるだろう。

ひと足先にビジネスソフトを導入した企業は、先行者利益で、一時的に利潤をうるだろう。だがこの利益は、まもなくほとんどの企業がビジネスソフトを導入すると、消え去ってしまう。ビジネスが合理化されたことの利益は、コスト低下というかたちで、市場を通して、広く社会全体に及ぶのである。

第二に、国境の垣根が低くなる。人びとの移動の可能性が拡がる。

いろいろな事情で外国で働かなければならないことがある。外国人と結婚したとか。移民したとか。亡命したとか。難民になったとか。そんなとき、言葉がわからないと、職業の選《よ》り好みなどできない。母国で就いていた職種にはまず就けない。医者だって、教師だって、技師だって、無理だ。よほど能力が高いか、よほど幸運な場合は別として。言葉ができなくても働けるのは、ほぼ単純労働に限られる。掃除とか、皿洗いとか、ウーバーの運転手とか。当然、給料はそんなに高くなくて、貧しくなる。だから外国への移住には、二の足を踏む。

それが変わる。その国の言葉ができなくても、デスクワークができるようになる。母国語できちんと話せて、文書が書ければ、その日からオフィスで働ける。それを可能にするのが、多言語対応の「未来マネジメント」だ。

地球大移動の時代

この、国境を越えてよその国で働く可能性が拡がることは、世界史を動かすほどの重大な意味がある。この点はとても大事なので、少し詳しく説明しよう。

数百年前に、国民国家の時代ができあがった。政府／国民／国境。国民国家の三点セットだ。言語や文化や歴史を共有する人びとの集団（民族）は、自分たちの政府をもつ権利（民族自決権）があるという。それはよい。でもそうすると、自分たちの国家の外側は、ほかの民族が主権をもつほかの国の領土で、自由に立ち入れないことになる。

そこでできた制度が、パスポートとビザ（査証）。国を出るにはパスポートを持ちなさい。よその国に入るときにはビザを受けなさい。ビザがなければ、入国できない。国民国家は、人びとを自分の国に閉じ込めるシステムなのである。

広くてきれいで豊かで過ごしやすい、先進的な国に住む人びとがいる。狭くて汚くて貧しくて生きにくい、その反対の状況にある国に住む人びとがいる。最近、「親ガチャ」という言葉がある。生まれてみたら、この親だった。親は選べない。運のよいひとと、運の悪いひとがいる。「親ガチャ」があるのなら、「国ガチャ」もある。生まれてみたら、この国だった。国は選べない。運のよい人びとと、運の悪い人びとがいる。この世界は「国ガチャ」の塊なのだ。

＊

やむをえず国境を越える人びとがいる。ＩＳの支配と混乱を避けるため、シリアなど中東の人びとが一斉にヨーロッパを目指した。船に乗って溺れる人びともいた。ドイツを目指して、大勢の人びとが歩き続けた。ウクライナにロシア軍が攻め込むと、戦火を逃れて女性も子どもも国外を目指した。隣国ポーランドは、数百万人を受け入れた。そうかと思うと、ハマスとイスラエルの戦争が始まった。ガザ地区の人びとは、戦火のなかを逃げまどっている。アメリカに向かって、メキシコ国境は不法移民の列がひきも切らない。中南米から子ども連れの家族が歩いてくる。合法であれ不法であれ、移民が殺到する国々では排外主義が盛り上がる。この国がうまく行かないのは、不法移民のせいだ。国境に塀をつくれ。人びとの不安を煽《あお》り立て、ポピュリストのリーダーを気取ることができる。世界のあちこちに押し寄せる移民の群れは、国境システムに無理があることを示していないか。

＊

大航海時代このかた、人びとは移動から、利益を引き出してきた。高価な貴重品や貴金属を遠隔地間で交易する。それが一段落すると、工業原材料や農産物の貿易をするようになった。物資の移動である。そして、資本や情報が行き交うようになった。グローバル化である。

相対的に移動がむずかしいのは、人間である。農業をしていれば、移動できない。言語や風俗習慣が異なるので、移動するのがむずかしい。留学や出張で外国に行ったり、移民したりするのはごく一部の人びとだ。大部分の人間は生まれた国でそのまま過ごす。

世界の貧富の差は、この先、解消に向かうのか。

＊

「国際貿易の基本定理」は言う。**資本や労働力が移動しなくても、商品が国際移動するだけで、やがて、要素価格は世界中で均等になる。**これは、ヘクシャーとオリーンが証明し、サムエルソンが拡充した定理なので、「ヘクシャー＝オリーン＝サムエルソンの定理」というのがよいだろう。

要素価格が均等になる。ここが重要だ。要素とは生産要素、すなわち、土地、労働、資本のこと。その価格とは、地代、賃金、利子である。商品を移動させているだけで、移動していない土地や労働や資本の価格が等しくなる、というのがこの定理のキモである。

賃金が等しくなる。ならば、先進国の労働者も途上国の労働者も、同一の賃金を受け取る。「南北格差」は、自由貿易を続けていれば、いずれ解決する。自由貿易体制を支持する有力な根拠である。

でも本当に、そうなるのか。ヘクシャー、オリーン、サムエルソンのモデルには、いろいろ仮定が置かれている。仮定が満たされなければ、この定理が成立しない。賃金が等しくなるかどうか、わからないということだ。

定理が成り立つとして、いつそうなるのか。どれぐらい時間がかかるのかわからない。もしかしたら、五〇〇年か一〇〇〇年かもしれない。そんなに時間がかかったのでは、問題が解決したことにならない。

＊

グローバル化の時代、資本や技術が容易に国境を越えて、移動するようになった。情報の移動は、もっとすみやかだ。古典的な国際貿易のモデルにくらべて、「賃金が等しくなる」までの時間が、うんと短縮されるだろうことは、明らかだ。

実際、先進国の産業が空洞化し、新興工業国に製造拠点が移動するようになると、みるみる新興工業国の賃金が上昇し、先進国の賃金上昇は足踏みしている。キャッチアップのスピードが速まっている。

＊

「未来マネジメント」みたいな生成ＡＩのビジネスソフトが一般化すると、労働力の移動が大きな流れになる。資本を移動するより、労働力を移動したほうが簡単な面もあるのだ。これまでのような単純労働ではなく、熟練労働や、研究系、技術系、管理系のデスクワークが、世界中の人びとに開かれる。「賃金が等しくなる」のに、さらに追い風になるのは明らかだ。

ビジネスの変化が社会に及ぶ

生成ＡＩで、ビジネスは変わる。

ビジネスが変われば、社会が変わる。それは、ふた通りの径路で、変化を及ぼす。

ひとつは、ビジネスのあり方が変わるので（たとえば、人びとの雇用が変わり、生成ＡＩ系の新産業が勃興し、代わって旧来の産業が縮小し…など）、それに応じて、社会のほかのセクターに影響が及ぶ。

もうひとつは、ビジネスで成功した生成ＡＩが、かたちを変えて、ほかのセクターに導入される。軍事に真っ先に導入されるだろうことは、第1章でのべた。それ以外には、政府（行政サーヴィス部門）。学校（教育部門）。病院（医療部門）。交通（輸送部門）。農業や漁業や鉱業などの部門。エネルギー部門などなど。政治の部門や、アカデミアにも大きな変化を与えるだろう。

＊

というわけで、社会が変わる。社会は、これまでわれわれが知っていた社会と、かなり様相が変わっていく。

その姿を、つぎにスケッチしてみよう。

とは言え、全面的にその変化を描くのは大仕事だ。そこでまず、教育部門（学校）にどういう変化が起こるのか。そして、行政部門（官庁）にどういう変化が起こるのか、を考えてみる。

第3章

やわらかな教育

生成ＡＩがビジネスを変えるように、生成ＡＩは社会を変える。それはまず、学校を変えるだろう。

3・1　生成ＡＩが学校を変える

学校はどんな組織か

公立の小中学校が始まったのは、比較的最近だ。国にもよるが、いまから二〇〇年前に遡《さかのぼ》るなら早いほうだ。

それまで子どもたちは、ほったらかしにされた。家の仕事を手伝わされた。貴族など、とびきりセレブの階層では、家庭教師を雇った。さもなければ、学校か塾のような施設に通わせた。日本のように塾や寺子屋が普及していたのは、伝統社会では例外だった。

＊

子どもたちを学校に行かせなければ、と人びとが思ったのはなぜか。

近代的な職業に就くのに、初等・中等教育が不可欠になってきたからである。まず読み書き。字が読めなければ、手引き書や説明書を読むことができない。文書で指示を伝えることもできない。要するに、従業員として使いものにならない。

軍隊でも、工場でも、文字が必要である。集団としての規律が身についている必要がある。学校で、計算の基礎や、理科や社会常識も身につけておくことが望ましい。要するに、近代的な労働力として工場や商店や軍隊で活動するために、学校教育は不可欠だったのである。

子どもを学校にやることに乗り気でない親たちも、もちろんいた。けれども、子どもが学校教育を受けることが当たり前になってくると、どの親も子どもを学校にやるようになった。

＊

子どもは人数が多い。教員は人数が少ない。そこで、建物を建て、一箇所に子どもたちを集める。学校である。そこで大勢を相手に、一斉に教育を行なう。学校教育である。

学校教育の特徴を整理してみよう。

1. 子どもたちを、年齢ごとに、学年にまとめる。
2. 子どもたちを、数十人ごとに、学級にまとめる。
3. 子どもたちに、学年ごと、科目ごとの教科書を与える。
4. 教員は、教科書に従って、学級の全員に同じ進度で授業を進める。
5. 子どもたち一人ひとりが十分に理解したかは、考慮されない。

1〜5は、学校なら、世界中でだいたい同じである。これ以外のあり方をしている学校は、少なくとも公教育では、滅多にない。私たちが学校と聞いて頭に浮かべるのは、1〜5の特徴をもった教育機関だ。

＊

なぜ学校は、ワンパターンなのか。

それは、効率のためである。教員室に入る程度のひと握りの教員で、校庭に並びきるかという大勢の児童生徒を教えるには、ほかに方法があるか。学年を決め、学級を決め、一斉授業をする以外にない。

このやり方は、教育効果があるから、子どもたちの学習にぴったりだから、採用されているわけではない。そうではなくて、それ以外にやりようがないから、昔からこのやり方を続けているにすぎない。

集団で一斉授業をするのは、要は、教える側の都合、学校の都合である。子どもはいい迷惑かもしれない。

寺子屋は無学年

同じ学校でも、学年制、学級制をとらないこともできる。

たとえば、日本の寺子屋。八畳かそこらの畳敷きの日本間に、小さな机をいくつも並べ、子どもたちがてんでに席につく。年齢も進度もばらばらだ。教員はたいてい一人。子どもたちをおとなしくさせ、順番に指導していく。初心の子には手習いをさせ、進んだ子にはそれぞれ課題を与える。大まかなカリキュラムのようなもの（教える順序）はあるのだろう。でも、わかりが悪ければ、ゆっくり繰り返し教える。わかりがはやければ、どんどんその先を教える。進度は一人ひとり違ってよい。よって、落ちこぼれはいない。何年か寺子屋に通って、ひと通り字が読み書きでき、算盤や筆算ができるようになれば、商家に奉公に出られるし、日常でも不自由がない。

無学年の教育は、やろうと思えばできる。親や子どものニーズに合ってもいた。月謝は貧乏な家庭は少額に負けてもらうなど、融通がきいた。公教育でないので、監督官庁もない。寺子屋と寺子屋の競争もあった。親たちに支持された、自生的な教育機関のことを、日本人は誇るべきなのである。

＊

日本ではこのように、幕末から明治にかけて寺子屋や塾や女紅場《じょこうば》（裁縫や礼儀作法を教える私設の教場）がたくさん活動していた。明治政府は、それらを無視し、まったく無関係に、小学校を全国に置くことにした。教科書は、外国の教科書の丸パクリの翻訳。1〜5のやり方の、型通りの学校教育が始まった。

教員は必要なのか

教員が教室で、教壇に立って授業を行なう。算数も、国語も、ほかの教科も。それ以外のやり方は存在しなかった。

コンピュータが登場すると、ティーチング・マシンで教えればよい、というアイデアが出ては消え、出ては消えした。うまく行ったという話を聞かない。コンピュータにそこまでの機能がないので、使い物にならない。先走りの妄想だ。

＊

でも生成ＡＩは、ゲーム・チェンジャーだ。これまでの駄目コンピュータとは違う。

第一に、対話型チャットソフトであること。大規模言語モデルを土台にしていて、たいていの質問にふつうの日常語で、まあまあの受け答えをしてくれる。教員がやっていることと同じか、それ以上だ。

第二に、カリキュラムに従って、授業をすることができる。人間と違って、間違いがない。しかも、疲れを知らない。また、何箇所でも、同時に教えることができる。とても効率がよい。

第三に、これがもっとも重要な点だが、生徒個々人の理解の度合いや進度に応じて、適切な振り返り問題を提示したり、基本に戻ってもう一度説明したりできる。一人ひとりに寄り添って、チューターとしてふるまうことができる。算数の学習で、つまずくことがあると、すばやく間違っている点をみつけて、それを説明したり、もういちどよく似た問題をやらせてみたりすることができる。教科書は、固定した順番になっている。けれども、生成ＡＩは、生徒の反応に応じて、柔軟に必要な指導をすることができる。

これは、家庭教師もやっていることである。でも生成ＡＩは、家庭教師よりもベテランで、質が高い。

第四に、これも大事な点だが、費用が安い。生成ＡＩを用いるためには、パソコンが一人に一台必要になる。その効果から考えれば、とても安価だ。教員の人件費よりぐんと安いかもしれない。

以上をまとめるなら、生成ＡＩは、もう十分に実用の段階にあるということだ。

＊

教員を、生成ＡＩに置き換える。そういう可能性が現実のものになっている。

生成ＡＩはよい教師

生成ＡＩが子どもに、算数や国語を教える。生成ＡＩ教育ソフトだ。

こんな教育ソフトは、いまある技術で、あっと言う間にできてしまう。と言うか、もうできていると思う。塾や予備校で、使っているはずだ。

子どもに算数を教える。おおぜいの子どもにどう教え、子どもたちがどう間違え、どう教え直したかの大規模データを集める。それを生成ＡＩに学習させればいい。

生成ＡＩ教育ソフトは、「未来マネジメント」のような、複数のヴァーチャル主体が相互作用する複雑な仕組みを考えなくてよい。人間と生成ＡＩが対話するだけの、ＣｈａｔＧＰＴみたいなシンプルな仕組みでよい。だから簡単なのである。

＊

算数は、計算のやり方も答えも決まっている。計算のやり方を練習して覚えるには、繰り返しが必要だ。ただし、間違いを繰り返してもかえって有害だ。どこで間違えたか、そこにさかのぼってピンポイントで正しいやり方を教える。一人ひとりに合わせて、その面倒をみるのは、対話型の生成ＡＩがぴったりだ。

教員っぽくするには、画像や音声をそなえた生成ＡＩにしてみればよい。画面のなかで人間の教員のようにふるまうことができる。

応用問題はどうか。文章題で質問する。七個のアメを三個食べたら、あと何個残りますか…。もっと複雑な文章題でも、どんな問題でもうまく質問できるだろう。生成ＡＩの得意分野だ。

初期のＣｈａｔＧＰＴは、簡単な算数を間違えて答えられない、という話があった。汎《はん》用《よう》の対話型ＡＩだと、そういうことが起こるかもしれない。生成ＡＩ教育ソフトは、もちろん、計算や教材やさまざまな問題を大規模データにして学習するから、そういう心配はないはずだ。

＊

国語はどうか。

子どもは自然に、言葉を覚える。学校に通うころには、ふつうに言葉を理解でき、話せるようになっている。日常生活に支障はない。

国語を教えるとは、字を教えること。字や文章を読み書きできるようにすることだ。日本語では、漢字の読み書きを習わなければならない。漢字は数が多い。けっこう大変だ。英語では、スペルを覚えなければならない。スペルは規則性がない（あるのだが、複雑だ）。けっこう大変だ。字で書いた文章は、難度が高いものもある。読みこなして意味をとるのは大変だ。その能力を身につけるのが、国語である。

漢字の読み書きも、文章の読解も、規則性がある。大規模文字データを学習するのは、生成ＡＩの得意分野だ。繰り返しも得意。文字の書き間違いを判定するのも得意。生成ＡＩは、立派な国語教育ソフトになるだろう。

無学年の復活

生成ＡＩの教育ソフトは、生徒一人ひとりのペースに合わせて、算数や国語を教える。生徒に優しい。無理やり、学級全体を同じ進度で学ばせたりしない。合理的だ。初等教育を劇的に改革する可能性がある。

どういうふうにか。

さきほどの学校教育のあり方、１～５を、なしにすることができる。こんなふうに。

1. 子どもたちを、年齢ごとに、学年にまとめない（無学年）。
2. 子どもたちを、数十人ごとに、学級にまとめない（無学級）。
3. 子どもたちに、学年ではなく進度ごと、科目ごとの教科書を与える。
4. 生成ＡＩは、教科書に従って、子ども一人ひとりに応じた進度で教えていく。
5. 子ども一人ひとりを中心に、十分に理解したかを考慮して教える。

学級をなしにすることは、個人の自発性を尊重し、一人ひとりの能力をのばすために、大事なことだと思う。

そもそも同年齢の子どもだけが集められて、集団を形成することが不自然である。そういう集団をつくると、競争が起こり、いじめが起こる。みな同じであることが前提となっているので、差が問題になるからだ。同調圧力もいやが上にも高まる。日本人の集団体験（強みと弱み）をつくっているのは、初等教育のこの体験だ。

3・2 教育改革待ったなし

学校は病気である

最近のひとは知らないだろうが、戦後しばらくの日本では、至るところで子どもの集団が遊んでいた。テレビもないし、自動車も走っていない。塾に行くわけでもない。学年に関係なく近所の子が集まって、ひたすら遊んでいる。

五人とか一〇人とかの集団だ。リーダーがいる。ガキ大将である。年齢はばらばらで、うんと小さい子がいることもある。集団には秩序がある。大きい子は、小さい子の面倒をみる。小さな社会だ。子どもは社会性を、この子どもの集団で身につけたのだ。

こうした子どもも、学校に行く。学校では、教員が目を光らせているので、ガキ大将もおとなしくしている。放課後、空き地に戻れば、彼らの天下だ。目を輝かせ、生き生きと遊び暮らす。

学校と、近所の集団と、どちらが本当の自分か。子どもながらに、二重帰属の意識がある。そして、近所の集団のほうが、ほんものだと思うことができる。

＊

近代の公教育は、子どもたちを学校に集めた。学年別に分け、学級に分けた。人為的な空間である。そこで教育を行なった。子どもたちは、学ぶ義務がある。教員たちは、それを監視する。そのことにともなう、さまざまな病理が現れてくる。

不自然なかたちで、集団をつくらされ、そこに押し込まれる。選択の余地がない。やめるわけにもいかない。しかも「仲よくしなさい」と、教員に言われる。何か不本意なことがあると、その不満が同級生に向かうのは、ありがちなことだ。

教育の機会が誰にでも開かれているのは、いいことだ。それは権利である。誰もが平等に扱われるのも、いいことだ。それはよい体験になる。

けれども教育のやり方が、学校での公教育しかないのは困る。このやり方は時代に合わない。これからなくなっていくだろう。

社会の入り口として

子どもは、家庭で育ち、それから学校に行って、社会生活を学ぶ。そう言われてきた。

たしかに社会生活は学べる。しかし、その質が問題である。社会生活を学ぶなら、実社会とよく似ていることが望ましい。実社会は、どういうもの（であるべき）か。

a．個人を尊重する。
b．法の支配に従う。
c．多様な人びとの役割分担と協力関係のなかで生きる。

以上は、近代社会を支える根幹の原則だ。ビジネスも、政治も、民主主義も、この原則で動いている。

＊

問題は、学校教育（少なくとも、日本の学校教育）が、この原則にかならずしも従っていないことである。

第一に、個人を尊重する（a）より先に、集団の規律を優先する傾向がある。集団の規律は、社会に必要なルールであるのか、それとも、学校を管理する都合であるのか、十分に吟味されていない。子どもは弱い立場なので、有無を言わさず学校の秩序を押しつけても抵抗できない。

第二に、法の支配に従う（b）より先に、集団の規律を優先する傾向がある。集団の規律とは、生徒にとっては、校則である。校則と法はどう違うか。法は、この社会の人びとに共通するルールで、立法府（議会）で法律として制定されている。この法に反することは、この社会を生きる市民には許されない。逆に言えば、この法に反しない限り、市民は自由に行動してよい。

日本の法秩序は、奇妙な仕組みになっており、法律の条文をみると、詳しいことは政令で決めると書いてある。政令は、行政府の命令である。主権者の同意をえていない。日本社会の法感覚は、明治以来の官僚支配の伝統をひきずっているところがあり、市民社会としては変則的である。

校則は、学校が恣意的に制定して、生徒を縛るものである。法律と無関係で、法律を無視する場合もある。たとえば、服装や髪形に関する規定など。学校は、立法権があると勘違いしている。学校に限らず日本の組織は、法律と無関係な、ローカル・ルールを定めて構成員を縛る、という特技をもっている。平安時代の権門の寺社も、禅宗の寺院も、そうだった。江戸の各藩は法度《はっと》を定めた。ムラはムラの掟を定めた。法の支配とは無関係な伝統である。こういう伝統の流れをくむ校則を体験すると、市民として法に従う感覚が身につかなくなる。大変有害だ。

さらに学級には、校則や学校が定めたルールとも異なる、裏ルールや空気がある。みんなで誰かをいじめてよい、が裏ルールになっていて、それに反するといじめられる。いじめがあると教員に教えると、またいじめられる。教室に居場所がない子どもが大勢いる。教員はそれに気がつかないか、見てみぬふりをしている。最悪の状態だ。

第三に、多様な人びとの協力関係（c）より先に、集団の一員として周囲に同化することを求められる。同化せず突出した個性や特徴をもっていることは、危険である。「生徒は生徒らしくしなさい」の世界。「同化せよ」という圧力は、子どもの人格に決定的な刻印を捺してしまう可能性がある。

＊

こうした現象が起こるのは、子どもが学級に、選択の余地なく「所属する」のだと考えるからだ。

日本人は、契約によって、所属する集団を「選ぶ」という感覚が稀薄《きはく》である。そうではなく、運命的にその集団のメンバーに「なる」のだ、と考えてしまう。学校も、企業も、同じである。学校も企業も、特定の役割を果たす機能集団にすぎない。そこに所属する人びとの全人格を吸い上げることはないはず。でも日本では、それが機能集団ではなく、あたかも共同体のような存在になってしまう。そういう社会経験の原体験が、いまは学校なのだ。

高校入試のムダ

もうひとつ、日本の学校システムの欠陥は、中学と高校が切れていることだ。中学までは義務教育である。設置主体は市町村など。高校は、義務教育ではない。設置主体は市や県などである。カリキュラムは一貫していない。そして、入試がある。戦後すぐの教育改革当初の事情のままである。その後、高校進学率は上昇し続け、実質的な義務教育になっている。でも制度がそのままだ。どうなるか。

高校の入学試験がある。公立高校に学力格差ができ、進路指導で「偏差値輪切り」にする。中学の進路指導は、不合格者を出さないことが至上命令。キミはこの高校に行きなさい、と言われれば拒否できない。公立高校に進めないと、受け皿の私立高校に進まなければならない県もある。自尊心が傷つけられるうえに学費も高く、泣き面に蜂だ。

高校入試はまったく不要である。さっさと高校全入にすればよい。義務教育の考えをやめ、代わりに、高校卒業検定試験（高検）を国民の基礎資格にしよう。詳しい具体的な提案は、堤清二《つつみせいじ》・橋爪大三郎（編）『選択・責任・連帯の教育改革［完全版］　学校の機能回復をめざして』（勁草書房、一九九九）をみてほしい。

＊

初等・中等教育の目的は、国民に共通の基礎学力を提供すること。この教育の達成度を測るのは、資格試験であるべきだ。運転免許の試験と同じで、最短時間だろうとうんと時間がかかろうと、資格試験にパスすればよい。これを、競争試験にからめているのは適当でない。

戦前は、旧制中学の生徒が旧制高校の入学試験を受けた。出題範囲は、旧制中学の学習範囲である。当時、旧制高校への進学者は人口のほんのひと握りだったから、入学試験が厳しくても、教育システム全体への副作用は大きくなかった。戦後、旧制中学が新制高校になり、旧制高校が新制大学になった。そしてまたたく間に、高校進学率がほぼ一〇〇％になった。にもかかわらず、大学は、高校の内容を競争試験で課している。大学入試は、教育システムにとって、必要でも十分でもない。

*

大学に誰が入学し、誰が入学しないかは、いまの入試よりもずっと合理的なやり方で決めるべきである。このアイデアは、大学を論じるところで後述しよう。

やわらかな学校

学校はいつでも、生徒を巻き込む運命共同体なのか。

そうとは限らない。海外では中学ぐらいから、選択科目が増える学校が多い。時間割は生徒個人ごとにばらばらである。ホームルームはあるが、クラスが運命的なまとまりだったりしない。日本の小学校でも、放課後の学童保育の時間は、無学年で自由に群れていたりする。中高のクラブ活動でも、学年をまたいで行動している。無学年で自由に群れるのは、子どもの本来の姿だ。

＊

学校を縛りつけていた制約（学年、学級、教科書、一斉授業）が、生成ＡＩ系の教育ソフトによって取り払われる。教員は、厖大《ぼうだい》な定型的サーヴィスから解き放たれる。その余力を、支援が必要な子どもへのサポートや、教育ソフトに任せられないプログラムなど、本来の教育にあてることができる。

学校をやわらかく組織し直そう。生成ＡＩ系の教育ソフトと共存できる組織につくり直そう。世界中で学校は、そういう方向に変化していくに違いない。

＊

生成ＡＩ系の教育ソフト＋やわらかな学校。これが、これからの初等・中等教育の基本型である。

算数や数学や、国語や、英語や、中学・高校の物理や化学や生物は、生成ＡＩ系の教育ソフトで十分に学習できる。生徒は、自宅で学習してもいいし、学校で学習してもいい。

生成ＡＩは、本人を認識し、本人がどれぐらいの時間を学習にかけ、原理を理解し、問題を解き、復習をし、単元を習得したか、すべて記録している。画面のなかでアバターとして、顔と言葉をもっていて、本人を励ましたり、忍耐強く働きかけたりする。生成ＡＩが学習過程を記憶しているので、期末テストのたぐいは必要ない。保護者と教員には、定期的に成績報告が届く。

社会性と生成ＡＩのハイブリッド

では、やわらかな学校では、何をやるか。

まず、社会性を養う。子どもたち同士で楽しく遊ぶ。原則として大人は干渉しない。その昔、あちこちの空き地や広場で、子どもたちがギャング・グループをつくって遊んでいたように、遊ぶ場所と時間をつくる。

給食も提供するとよい。子どもに昼食が提供されると、親はとても助かる。栄養の点でも安心だ。

補習もする。教育ソフトがそもそも扱えない子どももいる。あちこちでつまずく子どももいる。親の助けがえられない子どももいる。そういう子どもたちを、支援する。教育の機会の平等を支える。

国語をみんなで学ぶ。言葉は、話して聞いて、コミュニケーションに使うもの。教員が指導しながら、みんなの前で話す練習をする。たとえば、家から持ってきた大事な、思い出のあるアイテムについて、ひとり数分ずつ話す。みんなで同じ物語を読み、感想を語り合う。作文を書く。劇を練習する、などなど。ひとりではやりにくい活動を、用意する。楽しいプログラムであることが必要だ。

音楽や、図工や、自然観察や、実験や、社会見学や…設備と準備と知識が必要な活動で、集団で行なうのにふさわしいものを、行なう。習字もよい。

こうした活動は、学級を単位にする必要がない。興味に応じて、必要に応じて、能力に応じて、そのつどグループをつくればよい。誰がどんな活動をしたかは、教育ソフトが記憶して、欠けている活動がないかいつもチェックする。教員はそれをモニターする。

やわらかな学校は、あまり大きなサイズにしない。子どもが自分の家から、無理なく通える範囲に、いくつかあることが望ましい。

小学校低学年から中学年の子どもたちは、以上のようなやり方だ。

＊

小学校高学年から中学生にあたる年齢層の生徒には、以上に加えて、こんな内容を追加してはどうだろうか。

国語では、ジュニア向け、大人向けの文章に範囲を拡げて、読書会に取り組んでみる。本の感想を書いて、ウェブに投稿する。新聞をつくってみる。同人誌をつくってみる。詩や短歌や俳句をつくる。小説を書いてみる。研究レポートを書いてみる、などなど。

スポーツチームをつくって、近所のチームと対戦する。

楽器のできるひとが集まって、バンドを組んだり演奏会を開いたりする。

得意な生徒に、コンピュータのプログラミングを教えてもらう。

得意な生徒に、外国語を教えてもらう。

などなど。

高等学校では

高校の卒業資格は、高校卒業検定試験（高検）に統一する。これは外部試験なので、高校自身が卒業判定をするのではない。高校はその準備をする。運転免許の筆記試験と、その準備をする自動車学校のような関係だ。

高検に備える生徒のため、準備クラスをもうける。苦手な部分を克服するよう、教員が支援する。

高検は、いまの高校一年程度の基礎的内容にする（レヴェルを下げる）ので、卒業よりずっと前に高検にパスする生徒が多い。そのあと将来の目標に向けた学びを、めいめい続けて行く。

高検より進んだレヴェルの認定試験があるので、それに向けた準備クラスをもうける。たとえば、英検、TOEFL、中国語試験、など。数学初段、数学三段、など（新しく設ける）。物理初段、物理二段、など（新しく設ける）。生物、化学、なども同様である。日本史、世界史、倫理社会、現代国語、なども同様である。

これらは、資格認定試験なので、生徒同士が競争する試験ではない。そこで、同じ試験を受ける生徒同士の協力が生まれる。

大学や専門学校など、この先進学するコースによって、高検のほか必要とされる資格を取得できるよう、学びを深める。必要な支援を、教員が行なう。

いわゆるクラブ活動にあたる、さまざまな活動を行なう。

アメリカの大学はなぜすばらしいか

では大学は、どう変えればよいか。

大学は、科学技術や産業の拠点であり、人材の供給源であり、その社会の活力と未来の源泉である。優れた大学を多くもつことが、その社会を元気づけ、豊かにする。

アメリカの大学は元気である。

学費が高すぎる、入学する学生の階層が偏っている、教員が変にリベラルすぎる、など問題点もいろいろあるが、それでもすばらしい活動を続けている。世界の科学技術を引っ張っている。

＊

なぜアメリカの大学はすばらしいか（アメリカは、大学の序列がはっきりしていて、トップ五〇とその下、さらにその下、と一段下がるごとにガクンとレヴェルが落ちる。ここでの話は、トップ五〇レヴェルの大学を念頭に置いている）。

第一に、資金が豊富である。卒業生や企業がドカンと大口の寄付をする。小口の寄付もいっぱい集まる。学費もしっかり取る。大部分が私立大学で、資金運用もしっかりしている。

第二に、競争が機能している。教員がテニュア（終身雇用）の資格を手にするのはかなり大変で、そのポストに就いたあとも研究をがんばらなければならない。芽が出なければ転職する。一箇所でだめでも、捨てる神あれば拾う神ありで、業績がしっかりしていれば、どこかの大学で採用されるチャンスがある。

第三に、世界中から人材が集まる。学生も、大学院生も、教員も。アメリカは移民の国で、能力のあるひとには門戸を開いているので、いつかはアメリカで学びたい、研究したい、教壇に立ちたいと思っている人びとが世界中にいっぱいいる。アメリカの人口は三億人あまりだが、地球の半分ぐらい（四〇億人）を裾野《すその》にして、選り抜きの人材を集めているのである。

第四に、英語で研究も教育もできる。英語は事実上、世界の共通語である。アカデミアでは、英語で論文を書き、討論し、講義を行なう。だから世界中の学校で英語を教えている。英語で大学を運営しているアメリカの大学は、とびきり優位なのだ。

＊

イギリスやオーストラリアやニュージーランドやカナダの大学も、こうした利点を同様に享受している。香港《ホンコン》やシンガポールやインドの大学も、同様である。オランダやスイスや…ヨーロッパの大学も、やはりこうした利点をもっている。国際交流を日常的に行ない、英語に慣れているからだ。

＊

日本の大学は、アメリカにくらべるとパッとしない。イギリスなどヨーロッパの大学よりも見劣りする。なぜだろう。

理由をあげてみると、以下のようになる。

第一に、有力なのは国立大学ばかりだ。国立大学は税金が注ぎ込まれて、赤字の心配はしなくてよいが、政府がいろいろ口を出し、官僚制がはびこる。大学の元気がなくなる。大学を経営するという積極性も、独立の気概もない。

第二に、ちゃんとした競争がない。教員のポストはいろいろな専門の業界が握っていて、仲間内のたらい回しになっていたりする。世界の人材を招き入れて競争しようという前向きな気持ちがない。

第三に、日本の大学は、日本語を使う。世界でもローカルな大学だ。英語で授業ができる教員は数えるほどである。学生も英語の講義について行けない。授業は日本語でお願いします、では、世界から一流の人材が集まるわけがない。日本の大学の裾野は、全人類八〇億人のうちたった一億人。これでは、勝負にならない。

第四に、政府（文部科学省）がやたら口を出す。たとえば、設置基準にあっているか、定期的に評価する。研究費を科学研究費（科研費）として配分しているが、やり方が下手くそである。一〇兆円ファンドと称していくつかの大学を選抜し、何年間かにわたってどっさり資金を渡す（その代わり、監督官庁の言うことを聞け）というが、大学にプラスにならない。大学の評価は、アメリカのように、民間に任せておけばよいのだ。法令を改正して、理事会と評議員会を分けたりしているが、ピント外れだ。

第五に、日本の大学は、アカデミック・マネジメント（教育と研究の戦略的経営）がなっていない。その専門家がいないし、そもそもその考え方がない。

＊

日本の大学でも、沖縄科学技術大学院大学のように、とてもがんばっていて、研究力が世界で高く評価されている大学もある。やればできる。

学ぶ動機がない

日本の教育の問題点。それは、学校で学べば学ぶほど、元気がなくなってしまうこと。学ぶ動機を見失うことだ。日本の教育は、学生の学ぶ意欲を育てるのに失敗している。

なぜだろう。

中学や高校は、大学入試や上の学校への進学実績を目標にしている。学ぶことの喜びや学問自体の価値を脇に置いている。教育が空洞化している。生徒は、大学に入るためだからと我慢して、定期試験のための暗記や受験準備に明け暮れる。

では、大学に入ったら彼らは目標をみつけ、元気になるのだろうか。

それは期待薄だ。大学に入ることだけが目標だった学生は、伸びきったゴムのように、つぎの目標がみつけられない。無気力状態だ。そもそも、大学でやりたいことがあって目標の学部に入学する学生が少ない。偏差値がちょっと高いから、ほかに入れるところがなかったから、何となく入学した学生が多い。

そして大学は、入学にはうるさいが、卒業はゆるゆるだ。よほどのことがない限り、卒業できてしまう。どうせ卒業できるなら、勉強するだけムダである。損である。そこで、サークルや趣味に明け暮れる。学費を稼ぐため、バイト漬けになる学生もいる。

＊

大学はそもそも普通教育でなく、専門教育・職業教育のための場所である。卒業後の就職と直結している。でも、理系の一部を除けば、そんな原則があてはまる学部はまれだ。法学部の学生で法曹界に進むのはひと握り（法科大学院ができたのだから、そもそも法学部は存在理由がなくなっている）。経済学部や商学部や文学部を出ても、ただのサラリーマンになるだけ。大学の専門が仕事に直結する職場などないのである。

＊

アメリカの大学は、学部と大学院では専門を変える学生が多い。学部でリベラルアーツを学べる大学（カレッジ）がいくつもある。ハーバード大学は、リベラルアーツ・カレッジではないが、学部生はまとめてＦＡＳ（ファカルティ・オブ・アーツ・アンド・サイエンス＝文理学部）に放り込まれ、まんべんなくいろいろな学問を学ぶ。専門教育は、ロースクール、ビジネス・スクール、メディカル・スクール、行政大学院、ディヴィニティ・スクール…といった大学院で行なう。

アメリカの大学で、学部生は猛烈に学ぶ。第一に、高校までゆっくり青春を楽しんで、エネルギーが余っているから。第二に、卒業判定が厳格で、うかうかしていると卒業できないから。第三に、なぜこの大学にいるのか、本人の目的意識が明確だから。

アメリカのやり方が理想的だとは思わない。ただ少なくとも、中学高校で大学入試をめざして猛勉強し、大学でボケッと過ごすより、普通教育の段階ではゆっくり過ごし、大学では卒業後のため猛勉強するほうが、ずっと合理的で、本人のためにも社会のためにもなる。大学教育が、卒業生の所得を増やし、社会にも価値をうみだすことが明らかだからである。

リモート授業が切り札に

大学は、高等教育機関なので、すべての人びとが進学するわけではない。学費が高くて進学をあきらめるひともいる。大学を卒業すると、専門的な職業に就くチャンスが増え、所得も増える。アメリカでは、勤労者を、大卒以上／高卒など、で分けている。

大学の学費は、どんどん高くなった。アメリカの学費は、年額五万ドル程度（日本円で七〇〇万円以上）になっていて、ケタ外れである。こういう状態だと、所得の高い家庭の子どもでないと大学に入りにくくなり、階層が固定される傾向が強まる。社会にとってとてもよくない。

大学はなぜ、学費が高いか。

キャンパスで寮生活をしたり、下宿をしたりする。ゼミや実験があって少人数教育で、学生・教員比率が10対1ぐらいなので、教員の人件費がかさむ。大教室の講義ばかりとは行かないので、コストが高くなる構造なのだ。

＊

アメリカの大学で年額五万ドル。日本でも年額一二〇万円程度（私学文系の場合）。これを劇的に、たとえば四分の一に、値下げすることができないか。

できる。リモート授業を中心にすればいい。生成ＡＩ系教育ソフトも、補習で有効に活用できる。どちらも経費はあんまりかからない。

コロナ禍のおかげで、リモート環境が整った。大学教育は、キャンパスで対面で行なう必要はないのだ。リモート講義は、通信教育など在来のやり方にくらべて、手間がかからずすぐ実施できる。講義室の収容人数が二〇〇人だとしても、それに関係なく、同じ講義をリモートで数千人が聴講できる。理工系の実験や実習をともなう学科は別として、文系の学部の講義のほとんどは、リモートで行なえる。

＊

こうして、リモート講義を中心にして新設する格安の大学（かりに、生成ＡＩ大学とよぼう）は、日本の教育をよみがえらせる突破口になる。

まず第一に、これまで経済的な理由などで進学をあきらめていた、毎年数十万人の人びとが大学の門をくぐれる。昔の夜間部みたいに、リモート授業の時間帯を工夫すれば、働きながらでも学べる。そうすれば、大学に行かないまま社会人となり、または退職して人生を送る人びとにとっても、豊かな学びの場になる。さらに多くの人びとにとって福音となる。

第二に、入学試験を簡単にするか、そもそもなしにして、誰でも大学に受け入れるようにする。その代わり、進級や成績認定は厳格にして、きちんと学力を身につけた学生に限って卒業させる。成績不振のひとは、どしどし退学させる（キックアウト）。学生は、卒業をめざして、真剣に学問に取り組む。そこで培った能力は、職業に就いてから活かされるだろう。そしてその学びは、その後の人生を豊かに意味あるものとするだろう。

第三に、講義の受講者が多くて、教員の目が届きにくいところも、手厚くサポートできる。質問に答えたり予習復習を手伝ったりする、ティーチング・アシスタント（ＴＡ）や生成ＡＩ系教育ソフトが学生と伴走する。講義ではこまめに課題や小テストを課す。学生一人ひとりの学習の達成度を、教育ソフトがいつも把握する。

＊

この結果、どうなるか。

・生成ＡＩ大学というパスができて、所得の低い階層の人びとも進学できる。

・入試の代わりに、大学での成績と卒業を重視するように、大学が変わる。

・中学や高校の教育が、大学入試と直結しなくなり、本来の姿に戻る。

・生徒や学生が、将来の進路と職業選択を見据えて、意欲的に学ぶように変わる。

日本の教育を再生する決め手は、大学が変わることなのだ。

日本の教育を世界に

生成ＡＩ大学は、大学の教育をリモートで、低価格で、大学で本来学ぶべき若者（学ぶべきだった社会人）に提供する。労働力の質が高まる。これは、社会を前進させる大きなパワーになる。

生成ＡＩは、言語の壁を越えることができるのだった。これと、リモート教育を合わせると、日本が世界の国々に、高等教育の機会を提供できる。生成ＡＩ大学は、国際生成ＡＩ大学として機能するのである。

国際生成ＡＩ大学は、生成ＡＩ大学の教育をリモートで、そして低価格で、世界の人びとに提供することができる。世界の人びとの労働力の質が高まる。これは、人類社会を前進させる大きなパワーになる。

＊

グローバル・サウスの国々は、経済発展が足踏みし、大学教育を整えるところまでなかなか手が回らない。教授陣を揃えることも簡単でないし、言語の壁もある。生成ＡＩは、言語の壁を取り除き、自国語や英語で、日本語の講義やゼミを受講できるように支援する。日本ができるグローバル・サウスへの支援として、とても効果が大きいだろう。人数や分野が限られる青年海外協力隊よりも、ずっと実質がある。

だいぶ前、ＭＩＴ（マサチューセッツ工科大学）が、すべての講義の教材を全世界に向けて公開したことがあった。教員さえ現地でみつけることができれば、ＭＩＴの講義を世界で受講できるということだ。これはＯＣＷ（Open Course Ware）といって、講義の素材（スライドなど）を公開するもので、インパクトが大きかった。ただし、講義そのものではない。この試みは、いまはＯＥＲ（Open Education Resourses）となって、動画で講義を配信するなどいっそう充実している。今後まだまだ進化を続けるのだという。

国際生成ＡＩ大学は、リモート接続するだけで、講義そのものを受講できるのだから、ずっと画期的だ。日本が先頭に立って、さっさとやるべきだ。日本がやらなければ、どこかの国が始めるだろう。日本の教育を役立て、学術を世界に広めていきたいなら、ぐずぐずしている場合ではない。

3・3　生成AIが国を変える

文科省はいらない

日本の教育は、硬直している。柔軟な改革が進まない。

その元凶は、文部科学省（旧文部省）である。

文科省は、日本中の学校を管理している（同じ教育機関でも、塾や予備校は、学校教育法上の学校ではないので、経済産業省の所管になっている）。さまざまな省令や通達で、現場をがんじがらめにしている。そのやり方をみると、教育のことをまるでわかっていない役人のやり方だと思わざるをえない。

＊

日本の大学はその昔、文部省が設置した。小中高校も、文部省が設置した。文科省は、教育は国が仕切るものだと思っている。

大学はそもそも、国が設置するものではない。大学の起こりは国よりずっと古い。ヨーロッパの大学は、法学や神学や医学や…の教員のギルド（組合）だった。アメリカでは、ハーバードもイェールもプリンストンもコロンビアも…、牧師養成の神学校から始まっている。教会の信徒が資金を持ち寄ってつくった。大学が牧師や政治家や指導者を育て、彼らが国（合衆国）をつくった。順序が逆なのだ。

だからアメリカの大学は、ほとんどが私立大学だ（あと、ほんの少し、州立大学がある）。国は、大学を管理したりしない。大学は、財政的に自立し、自分で自分を管理している。連邦政府は何も口を出さない。文科省「高等教育局」みたいなものは存在しない。それでも、いや、それだからこそ、うまく行っている。

＊

大学を国が設置し、国が管理するのは、大学など存在しなかった後進国の特徴である。日本がそうだ。

中国では、儒学を教える書院や、西洋風の教育をする学堂が、多く存在していた。中華人民共和国が成立すると、学校はすべて国が管理することになった。

こういうやり方を、当然だと考えてはいけない。

見当外れな大学改革

日本の大学は高度成長の時期、新増設で忙しかった。それが落ち着くと、「改革」が始まった。まず「大綱化」。一般教育が、人文科学／社会科学／自然科学が各八単位で合計二四単位、などと決まっていたのが、ゆるめられた。社会の役に立たない一般教育は大学の判断でスリムにしなさい。つぎに「法人化」。国立大学は政府機関だったのが、「国立大学法人」になった。学生定員にほぼ比例して「講座費」が下りてきていたのが、「運営費交付金」が配られる仕組みに変わった。交付金は年一％ずつ削られていく。その代わりに「競争的資金」を獲得しなさい。分厚い書類を書いて申請しなければならない。貰えるかわからない資金の申請書類を書いて、私など、一年のうち一カ月はつぶしていたと思う。教員組織も国立大学は、学部でなく大学院に組織替えされた。

ごちゃごちゃいじり回したけれども、大学はむしろ元気がなくなった。論文の引用数も減り、研究費も減って、じり貧になっている。

＊

大学を法人化したのなら、基本資産を持たせ、財政基盤を安定させないとだめだ。文科省の配る競争的資金は、五年限りなど、時限のものが多くて、期限が終わったらサンセットしてしまう（それが嫌なら、大学独自の資金を用意しなければならない）。雇用した助教や研究員は、路頭に迷ってしまう。そういう状況をみているから、研究者を志望する学生が減っている。文科省が大学を競争させ、言うことを聞いた大学にごほうびをあげる「一〇兆円ファンド」なるプランを進めている。さっさとやめ、半分は国立大学に分配し、半分は研究費にして配るのがよい。一般の人びとが大学に寄付するとそのぶん減税になる仕組みもつくるとよい。

省庁はぜい肉のかたまり

日本の中央省庁は、改革するたびに、かえって膨張する。あらずもがなの組織や部署が多い。省庁の必要性を評価する仕組みがない。

省庁が膨張するのは、原資（税金）がタダで供給されるから。そのパフォーマンスをチェックする外部のものさし（企業の利潤や利益率にあたるもの）がないから。そして本人たちは、省庁が業界を監督するのは当たり前だと思っているから。リバタリアニズムのような考え方（政府に厳しい目を向ける）が、日本では稀薄である。

＊

組織が膨張するのは、採用と昇進の仕組みに関係がある。省庁は縦割りで、部署が細かく分かれ、みなが排他的な職務と権限をもっている。しかも、デジタル庁とか子ども家庭庁のようなわけのわからない役所がつぎつぎできて、業務の調整はますます煩雑になるばかりだ。内情にくわしいひとから聞いた話。国家公務員の採用は、五人のうち一人が使いものになればいい。あとの四人は何をするんですか。一人が実際の仕事をして、あとの四人は、あちこちを飛び回って根回しをするのさ。

新卒採用の人びとが、入省年次の通りに、順番に昇進していく。しかしポストは、ピラミッド型で、上がつかえる。閑職に回されるか関連団体に再就職するか、早々と民間に転職するか。どの省庁も、だぶついた職員向けの関連団体を山ほど抱えている。それを回してあげるために、税金で業務を外注する。

それもこれも、組織がピラミッドになっていることに、根本の原因がある。

＊

生成ＡＩ系のビジネスソフト「未来マネジメント」が、中間管理職をなくして、組織をすっきりさせるのをみた。これからのビジネスの姿だ。

行政とビジネスは、違う。行政は金儲《かねもう》けをするわけではない。商品を販売したりもしない。何を目的に、何を基準に、改革するかをまずはっきりさせよう。

改革の目的は、国民のための必要で十分な公共サーヴィスを行なう体制を整えること。現状は、余計な人員が余計な業務（業務のための業務）をしていて、国民の負担となっている。これを正すのは、国会の役割だ。国会は、納税者の代表が集まる場で、主権を行使する機関だからである。中央省庁が、自分で自分を改革するはずがない。

＊

中央省庁の改革のあるべき流れを示そう（実際にできるかどうかは別問題だ）。

まず国会で、与野党が共同で、中央省庁の改革を進めることで合意し、作業グループをつくる（与野党が協力することが大事だ。さもないと、政権交代が起こったら、改革がひっくり返ってしまう）。

中央省庁べったりの与党が重い腰をあげるには、それをやらないと次の選挙に勝てないと思わせる、有権者のはっきりした声が届くことが大切である。生成ＡＩ系ビジネスソフトで、民間の企業が目を見張るような改革を行なっている。世界各国の政府も大胆な改革を進めているのに、なぜ日本の省庁は動きが遅いのか。そうした世論が追い風になる。

まず、中央省庁を、本質的な業務を行なう機関／それ以外の機関、に分ける。

本質的な業務を行なう機関とは、

・財務省…予算を決める
・外務省…外交を担う
・法務省…法務実務を担う

・防衛省…実力で防衛を担う
・特許庁…特許業務を担う
・気象庁…気象や自然災害を調査研究する
・海上保安庁…領海付近の法秩序を守る

などなど。こうした機関は、水ぶくれがあれば絞るとしても、なしですませることはできない。

いっぽうそれ以外の機関（本質的な業務を行なわない）は、必要であることが証明されない限り、存続できない。陸海軍はなくなった。復員省もなくなった。それと同じだ。関係の業界を監督する官庁、みたいなものは存在しなくてよい。たとえば、大学を監督するのが役目の、文科省の高等教育局みたいな機関は、存在しなくてよい。そんなものがなくても、いや、ないほうが、大学はうまく行くのである。

「法の支配」にのっとる

日本の中央省庁は、帝国憲法ができる前から、議会が開設される前から、存在した。そのトップは「勅任官」で、天皇に忠誠を誓っていた。あとからできた議会の言うことを聞くものかと思っていた。そこで、議会を骨抜きにした。日本の法律の大部分は、政府提案である。政府が提出した法案が、そのまま法律になる。議会は、法律にスタンプを捺すだけの機械みたいだ。たまに議会が主導権をもつ法律ができると、「議員立法」として珍しがられる。議会政治の根本がひっくり返っているのに、誰も怪しまない。

戦後、日本国憲法のもと、議会は「国権の最高機関」になった。立法権をもっている。憲法の条文をみると、議会のほうが行政府よりも優位なことになっている。でも、実態は明治以来の旧態依然のままである。政府提案の法律にはあちこちに、「詳しくは政令で定める」と書いてある。政令は、内閣の発する行政命令。立法権（の肝心な部分）を、行政府に委任しているのである。その政令には、「詳しくは省令で定める」と書いてある。省令は、各省庁の大臣が発する行政命令だ。その省令には、「詳しくは通達で定める」と書いてあったりするだろう。通達は、各省庁の担当局長が発する行政上の指示である。その下に、課長の口頭の伝達だったり、課員の行政指導があったりする。こうやって、関係の業界を所轄官庁が「指導」する。これが、中央省庁の権力の源泉である。

こういうのを、「法の支配」とはいわない。

＊

「法の支配」は、近代社会の柱、民主主義の根本原則である。それは、図示すると、こんな具合になっている。

議会→法律→国民（市民、企業、政府機関…）　（L）

それに対して、日本の現状は、こうなっている。

政府機関→議会→法律→政令→省令→…→国民　（G）

これは、「法の支配」ではない。真ん中を飛ばすと、政府機関→国民、になっている。こういうのを、「政府の支配」という。民主主義の反対物だ。

法律と行政の実態でみる限り、日本は民主主義でも、法の支配でもない。このことを、いくら深刻に考えても考えすぎということはない。日本のことをなんとなく、「民主主義国」だと思っているひとは、目を覚ましてもらいたい。

＊

憲法には、「法の支配」と「民主主義」の原則が書いてある。国民が政治や国の方向をコントロールする力を失い、愚かな戦争に突き進んだ反省として、何百万人の犠牲のうえに築かれた憲法だ。その原則を国民の手に取り戻そうではないか。

では、どうする。

＊

国民を拘束できるのは、憲法の精神にもとづくならば、議会で定めた法律だけである。政令や省令ではない。政府は、政令や省令を定めることができるが、それは本来は、政府機関の行動を拘束するだけである。これを原則にする。国民を拘束する法律は、だから、なるべく具体的に、必要な限りで詳しく、定めておく（余計な政令や省令が、あとから入り込まないためである）。

国民や、ある業界のコントロールをしたいなら、議会がその法律を制定する。法律に従ったかどうかを判断するのは、裁判所である。刑法の場合、法律に従わなかったと起訴するのは検察だが、それは裁判所の判断をあおぐためである。大学をコントロールする場合には、議会で法律を定める。そのとおりかどうか、民間の企業や団体が調査し、その結果を発表すればよい。アメリカにはそうした大学の通信簿が何種類も市販されていて、高校生や保護者は、それを志望校選びの参考にする。「高等教育局」みたいな政府機関の出番はない。

法律が、制定した意図のとおりに実施されているか、チェックするのは議会の役割だ。それが、国政調査権である。そしてその場が、委員会である。法律を実施するのが政府である場合には、政府に説明を求める。法律に従うのがそれ以外である場合には、業界団体や関係者の説明を求める。日本の議会は、この機能が弱い。と言うか、ないに等しい。代わりに、政府（各省庁）が非公式な行政指導を行なっている。明治から続く伝統だ。憲法と民主主義と法の支配の原則に反している。

国民は、法に従う。法以外のものには従わない。これが正しい法感覚だ。「法の支配」である。法に従うとは、人びとの合意よりも、法律を優先するということである（たぶん、多くの日本人のローカル・ルールと真逆である）。小学生からおとなまで、この感覚を大事にしなければならない。

政治改革が必要だ

日本の政府（中央省庁）と議会の関係をこのように正しくするには、政治改革が必要である。与野党がまともな議論ができるようにする。存在理由のわからない弱小政党が乱立する現状は最低だ。与党も野党も、責任ある政治姿勢と周到かつ現実的な政策をもち、有権者の自発的な地方組織に支えられなければならない。

そのうえで、議会の機能を強化する。議会は、法律をつくれるのだから、議会の予算を増やして、中央省庁の職員を半分か三分の一にし、辞めた彼らを議会の政策スタッフとして雇用するのがよい。省庁の職員は、政府提案の法律案をつくって、実質的に立法に参画していた。それが正しい姿に戻る。国会の権限と機能が強まることは、国民の主権が伸長し、国民が政府を監督する能力が高まることである。

この、現状からはできそうにない改革が、どうやってできるか。まず誰かがとにかく提案する（本書のように）。そのとおりだと思う人びとが増える。そして、各選挙区で、有権者を組織して議席の獲得につなげる。国会で多数を握って改革を行なう。憲法は、これ以外のルートを国民に与えていない。この順序に従って改革するという、希望と熱意とビジョンを国民が持つことである。

政治改革の話をし出すと、話がいくらでも長くなる。もう何冊も、本が必要だ。機会を改めるとしよう。

生成ＡＩが行政を変える

生成ＡＩが企業のマネジメントを変えるように、生成ＡＩは行政を変える。

けれども、生成ＡＩが行政を変えるのに、少し手間取るだろう。なぜか。

マネジメントのやり方は、どの企業でも、だいたい同じである。ある企業でうまく行った生成ＡＩ系のマネジメント・ソフトは、少し手直しすれば、ほかの企業でも使える。生成ＡＩを導入するのに小さなコストで済み、効果はすぐ目にみえる。経営にプラスになるし、企業の財務も改善することが数字に表れる。世界中で、あっという間に導入が進むだろう。

行政は、省庁と省庁で、やり方が違う。部署と部署でも違う。省庁の職員は、それぞれ別々の種類の業務に従事している。マネジメントと違って、ある部署の業務を生成ＡＩ系ソフトに置き換えたからと言って、別な部署で役に立つとは限らない。

ではどうする。

生成ＡＩの大規模言語モデルに加えて、すべての省庁の行政文書の全体を電子化してデータベースにする。そして、生成ＡＩソフトに学習させる。関係法令や先例もすべて学習させる。そして、ひとつの省庁、ひとつの部署を、企業や事業本部に見立てて、組織のヴァーチャルなモデルを組み立てる。手間と時間がかかるが、完成すれば、業務の効率化、透明化がはかれる。

生成ＡＩソフトは、人件費がかからない。疲れず二四時間はたらく。ひとつのソフトが組織全体の（つまり、数百人分の）業務をカヴァーする。過労でへばっている中央省庁の職員も、ひと息つけるだろう。そして、本来の創造的な業務に取り組めるだろう。

＊

中央省庁と違って、地方行政は、生成ＡＩ系ソフトと相性がいい。すぐ普及するだろうし、その効果は絶大だ。

地方自治体は、都道府県も市町村も、全国で同じ業務を行なっていて、事業所の数が多い。一箇所でソフトを開発すれば、すべての自治体で採用できる。行政裁量の余地が少なく法令どおりに実施すればよい業務を、効率よく正確に進められる。

地方自治体は、職員不足に悩んでいる。そのため行政サーヴィスに支障が出る。職員を増員しようにも財源が厳しい。法令はしょっちゅう変わるので、勉強が欠かせない。責任も重い。生成ＡＩ系の行政ソフトが導入されて常時、関係法令や職務手順がアップデートされるなら、とても助かる。少ない人員で、いま以上の行政サーヴィスが提供できるはずだ。

だから、特に地方行政では、生成ＡＩ系ソフトの導入は、急速に進むはずである。

＊

二〇二三年一二月には、法務省が日本の法律の条文の英訳を、生成ＡＩを用いて試行してみるというニュースがあった。それまでは英訳に二年間ぐらいかかっていたという。そういうことはさっさと進めるべきだ。生成ＡＩの翻訳機能を常備すれば、外国人が日本に来た場合の行政サーヴィスをぐんと向上させることができる。

行政改革は世界で進む

生成ＡＩ系のソフトは、各国でつぎつぎ行政に組み込まれ、業務を改善させていく。日本よりずっと先に、行政革命を進める国が続出する。

すると日本の行政も、重い腰をあげることになる。外国にできることが、なんで日本にできない、という非難の声が高まるからだ。

そんな情けないことになるまえに、これをチャンスととらえるべき。世界中の国々で生成ＡＩ系の行政ソフトが採用されるのなら、日本のソフト産業にも十分出番がある。世界の国々は、ローカルな自国語で、行政を行なっているところが大部分だ。日本語で行政を行なっている日本と同じように、英語やスペイン語やアラビア語や…のような、マーケットの大きい言語から切り離されている。手作りで、自国向けの行政ソフトを開発しなければならない。そこを、日本のソフト産業が手伝える。日本の行政ルールは、西側のやり方を踏まえているが、西側ルールそのままではない。微妙な調整を加えている。世界の数ある国々の行政ルールも、そうした手加減を必要としている場合がある。その機微を、日本のソフト産業は、西側諸国の企業よりもうまくすくい上げることができそうだ。

＊

世界の国々の行政サーヴィスが生成ＡＩによって合理化されることは、世界の人びとにとっても、企業にとっても、利益が大きい。

行政サーヴィスはもともと、ローカルなものだ。その国の市民（だけ）に向けて、その国の法律にもとづいてサーヴィスを行なう。ほかの国と違った法律による、その国独自のサーヴィスだ。外国から来た人びとや、多国籍企業にとっては、なにかと不便が多い。その国ごとの事情に合わせなければならないから。

行政サーヴィスが生成ＡＩ系ソフトに支援されるなら、その障害が低くなる。

第一に、世界の国々それぞれの行政サーヴィスのなかみや根拠になる法令が具体的にどのようになっているのか、そのデータベースができあがる。移住予定者や進出企業が自分でいちいち調べなくても、ワンクリックで情報が手に入る。

第二に、生成ＡＩ系ソフトに乗るように、行政サーヴィスを見直し整えるので、それが合理的で可視的になる。ほかの国のやり方と比較可能になり、互いに似てくる。ローカルなルールだったものが、世界共通なルールに近づく。

第三に、移住予定者や進出企業や、国境を越えて活動しようとする人びとを、支援しよ

うとする民間のサーヴィス会社が増えて、国際的な活動が便利になる。制度が似てくれば
あとは翻訳だけの問題になる。

＊

それやこれやで、生成ＡＩは、世界中のマネジメントを革新するのはもちろん、世界各国の行政サーヴィスや教育をも革新していくのである。

第4章

ポスト国民国家の世界

生成ＡＩは、企業とビジネスを変える。教育を変える。行政を変え、社会を変える。そして、二一世紀の世界をこれから大きく変えていく。

どんなふうに世界を変えるのか。それを展望してみよう。

４・１　グローバル世界のひずみ

欧米に向かう難民の群れ

冷戦が終わった。戦争の危険が去って平和になる、と人びとは期待した。ところがかえって、深刻な地域紛争が各地で頻発するようになった。そのたびに、多くの人びとが生命や財産を失い、故郷を失って、難民となった。

もといた土地に戻って、平穏に暮らす望みを絶たれた人びとはどうすればよい？　よその土地はどこを見渡しても、もう誰かが住んでいる。大勢で割り込むわけには行かない。大量の難民を受け入れることのできるのは、農業ではなく、工業や商業に主に従事している先進国以外にないのだ。

先進国は、労働力不足に悩んでいる。低賃金でも必死に働く移民労働者がいてくれると助かる。フランスもドイツも、アメリカも、移民を大勢受け入れて来た。これに加えて、シリア、イラクからの難民がはるばるドイツなどヨーロッパ諸国を目指した。アメリカには、不法入国者（undocumented immigrant）が一〇〇〇万人あまりいると推定される。メキシコ国境には、かつてない人数の移民が連日到着して、大きな問題となっている。

ネオ右翼の台頭

移民が増大しているのは、世界が国民国家の時代から、グローバル化の時代に移行したからだ。グローバル化の波に乗らなければ、経済が沈んでいく。グローバル化の結果、資本も技術も情報もまたたく間に国境を越えて移動する。けれどもその結果、不利益を被り生活の基盤が脅かされるひともいる。本能的に、増えていく移民に嫌悪と恐怖を覚える人びともいる。

そうした人びとの無意識の暗いエネルギーを養分にして、ネオ右翼が各国で台頭している。どこが新しい（ネオ）か。

第一に、グローバル化に対する反撥《はんぱつ》として生まれている。

経済のグローバル化は、国際社会に世界規模の連携と、そして競争をうみだした。誰もが地球の反対側の産業や資源と結びついている。遠い外国の労働者がつくった製品を購入している。そういうつながり（連携）は、避けようもない。そして、グローバル化は、勝ち組と負け組をうみだした。勝ち組は、多国籍企業や国際金融や最先端技術や…の付加価値の高い産業回りで働いている。高学歴で高収入である。負け組は、斜陽産業や田舎やスラムや…の旧来型の仕事で暮らしている。あるいは、新たな巨大産業の周辺でうまれる非正規就業で働いている。収入の面で恵まれない。移民労働者にいつ置き換えられても不思議でない。こういう状況は誰のせいか。自分のせいなら落ち込むばかりだ。自分のせいでないなら、誰かのせいだ。その誰かを、複雑なグローバル化した世界のなかで、みつけなければならない。まともな人びとが考えるふつうの議論のなかに、答えはない。SNSやネット情報や、不安な書き込みの増幅装置のなかに答えがみつかる。それは、移民のせいかもしれない。ディープステート（裏の政府）のせいかもしれない。ユダヤ人やフリーメイソンのせいかもしれない。偽善的なリベラルのせいかもしれない。それらをつなぎ合わせた奇妙なパッチワークの世界観になっているかもしれないが、それが真に迫って感じられることがポイントである。そして現実に行動すると、ネオ右翼である。

第二に、これまでのさまざまな右翼の潮流と、あんまり関係がない。

右翼は、左翼に対抗する政治的立場である。左翼は、社会主義や共産主義。無政府主義もある。それに対抗する右翼は、民族主義だったり、伝統主義だったり、国粋主義だったり、保守主義だったりした。右翼は、国民国家を支える歴史や伝統や民族の意識を養分とするので、体制を支える役割も果たした。ネオ右翼は、そういうこれまでの右翼と別系統である。ナチスの真似をしたり、南北戦争のシンボルを用いたりするが、それは暴走族がいろいろなシンボルを用いるのと似ていて、ただの意匠である。

ネオ右翼は、ただ自分の信念（しばしば妄想である）を増幅させて行く運動なので、シンプルである。言論界やマスメディアで主流の位置を占めなくてもよい。傍流でありながら、でもポピュリズムを駆動し、選挙で大きな影響力を持ってしまう場合がある。とても危険だ。

日本には、移民が殺到しているわけではない。いまのところは。ただ、何かきっかけがあれば、ネオ右翼が拡がる下地はある。危険なエネルギーが溜《た》まっていると思わなければならない。

グローバル世界は公正なのか

きっかけさえあれば先進国に押しかける難民と、それを押し戻そうとするネオ右翼。ネオ右翼は、極端な行動をとる一部の人びとである。だがその背後に、一般の人びとに拡がる漠然とした不全感（すっきりしない感じ）と不安がある。難民の受け入れには経済的なコスト、社会的なコストがともなうという事実がある。

その背景をさらにたどると、グローバル・ノース（北の先進国）とそれ以外のグローバル・サウスのあいだの、格差と不平等と対立に行き着く。

この格差と不平等は、どこから来たか。

＊

現在の先進国の富と国力は、およそ五〇〇年前からの大航海時代と、宗教改革と科学技術革命と産業革命と資本主義の発展がもたらした。これらの変化によって、ユーラシア大陸の西の隅の辺境にすぎなかったヨーロッパは、世界の主役に躍り出た。国民国家を成立させ、戦争を繰り返し、世界の大部分を植民地にし、資源の供給地にした。製品も売り込んだ。世界を支配し、その秩序を軍事力で支えた。

これだけでも不平等なのに、新大陸の発見で、なお不平等になった。

アメリカが豊かなのはなぜか。土地が広くて資源が豊富だ。そこに、勤勉な近代人が資本や科学技術を持ち込んだ。人口は旧大陸と違ってほんのぱらぱらだから、一人当たりの資源が途方もなく多い。豊かになるのが当たり前なのだ。アメリカは、古代も中世も飛ばして、近代社会が原始の自然と共存する希有《けう》な場所である。

＊

世界人口はいま八〇億人。それがやがて一〇〇億人になる。その大部分は、旧大陸やアフリカに密集している。アメリカ合衆国は、中国と似たような大きさなのに、三億人しか住んでいない。中国のような住み方をすれば三〇億人は住めるだろう。わずかな人数で、こんなに広い場所を占有しているのは、不公正ではないか。グローバル・サウスの人びとが移住して、土地を分け合うのは当然の権利ではないか。——こういう声が、世界の隅々から沸き上がって来て当然なのである。

国境があるから

農業を始める前、人間はたいてい、土地をあちこち移動していた。

農業が始まると、人間は定着した。土地は誰かのものになり、よそ者は入り込めなくなった。農業は、人口支持力が高い。農業とともに人口が増えた。農地が拡大できなくなると、人口は頭打ちになった。

伝統的な農業社会が産業化すると、人口が四倍になるという経験則がある。江戸末期、日本の人口は三〇〇〇万人だった。いま一億三〇〇〇万人である。およそ四倍になっている。ヨーロッパの国々でも、同様の人口増加が起こったことが知られている。農地の面積があまり増えないのに、人口が増える。品種改良や肥料や農業機械化のおかげだ。産業が発達すると、より多くの人口を養うことができるのである。

＊

食糧供給は結局のところ、エネルギーに依存することになろう。動物蛋白《たんぱく》も、養殖や培養の技術によって生産できるようになる。やがて核融合が実現すれば、エネルギーは環境制約と関係なく、潤沢に供給される。土地と関係があるのは穀物だが、灌漑《かんがい》によって可耕地を拡大できる可能性がある。人間はますます土地との結びつきを失って、産業労働者として生活するしかなくなっていく。

人びとが土地との結びつきを失えば、理屈から言えば、地上のどの場所で生活しても問題ないはずである。でも実際には国境があって、人びとの移動を阻んでいる。それを越えるには、受け入れ国の許可（ビザ）が必要だ。さもなければ、無理やり入国して難民申請するか、不法移民として不自由な暮らしをするしかない。

いま世界で難民や不法移民の波が押し寄せているのは、背景にこうした構造的な問題がある。人びとの自由な移動を妨げている、国境という制度の問題なのだ。

グローバル・サウスを産業化できるか

グローバル・サウスの国々は、国内基盤が脆弱《ぜいじゃく》だ。分厚い民族の歴史と伝統を踏まえた社会ではない。部族社会が急に植民地化され、そのあと独立して、国民の形成が立ち遅れている国もある。貧困と飢餓を克服し、産業を発展させるために、さまざまな善意のシナリオが描かれた。

善意のシナリオその1。飢餓を解消するため、穀物を贈与しよう。——緊急には必要だが、問題の根本的解決にならない。

善意のシナリオその2。ODA（政府開発援助）を供与して、社会インフラを整備しよう。道路や港湾やダムなど、社会インフラが整えば、産業が育つはずだ。——社会インフラは必要だが、そのあとのシナリオがない。

善意のシナリオその3。アメリカの平和部隊や日本の青年海外協力隊のように、先進国がボランティアを派遣し、現地のニーズに応じて、技術移転や指導を行なおう。——いまの規模では、人数が少なすぎて気休めにしかならない。

本当に産業が育つためには、資本や技術が移転して、現地で産業が育つ必要がある。雇用が生まれ、現地の人びとが所得をうる。そして、その産業が国際競争力をもち、発展して、利潤が生まれる必要がある。

＊

産業はどこに立地してもよい。だから企業は、どこに拠点を置くか慎重に考える。勤勉で教育がある労働者が大勢いて、成功が見込める国を選ぶ。ただ失業者が大勢いるだけではだめで、「勤勉で教育がある労働者」が大勢いないとだめだ。しかも賃金がそれなりに安くて、社会が安定していること。そういうところに、資本と技術が投入される。善意のシナリオ1～3は、その条件を整えることができない。

カギは教育

そうすると、グローバル・サウスの成長の基点は、教育であることがわかる。

教育は、根気のいる事業である。教員が学生を教育する。まず教員が育たなければ、教育はスタートできない。貧しい国で教員を育てようと思えば、資源を教育に集中投下しなければならず、教育が重要だという人びとの幅広い合意と支持が必要になる。

食糧が不足し、武装勢力が争って社会不安が続き、切迫した生活の危機が迫っている状態で、そんな教育の土台をすえるのは困難な試みだ。

＊

でも、そうは言っていられない。どうすれば、好循環へのきっかけを摑《つか》めるか。

第一に、治安を安定させる。武装勢力は、国外から武器や資金を援助してもらって、手下となって働いている（一種の、非合法な戦争会社である）。あるいは、国内の農民から収奪して、兵士を養っている（一種の、山賊である）。国外の資金源を断ち切り、政府の治安維持能力を高めて、こうした武装勢力を退治する必要がある。

でもしばしば、話はそう簡単でない。政府そのものが、そうした武装勢力と区別がつかなかったりする。武装勢力を必要とするほど、国内の分断と反目が激しかったりする。そうした場合には、かつての植民地のように外国の軍隊が駐屯して、時間をかけて治安を安定させるしかないかもしれない。

＊

第二に、初等・中等教育を普及させる。学校を建て、教員を配置し、教科書を整える。教育を受け、近代的な職業につく。それがノーマルな人生の基礎である。そういう常識が社会に行き渡らなければならない。社会の理解と支持がなければ、どんな教育システムもうまく行かない。

そもそもどの言語で教育を行なうかが、敏感な政治的問題になる可能性がある。政治問題にならなくても、人数の少ない言語共同体に「国語」を押しつけると、文化破壊になってしまう可能性がある。

生成AI系の教育ソフトが、有利にはたらくと期待できる。教員の負担が軽くなる。経験の少ない教員だとしても、豊かな内容の教育を提供できるだろう。言語の点でも有利である。無理に共通語に統一しなくても、部族の言葉やローカルな言葉で教育を行なうことができる。共通語の代わりに、多言語翻訳ソフトが社会生活でふつうに用いられるようになる。

最近、こんな動画を観た（二〇二四年七月）。青森のユーチューバー「すんたろす」という方が、スマホのChatGPT4・0に津軽《つがる》弁で話しかける。するとChatGPTは流暢《りゅうちょう》に津軽弁で応答し、青森のおいしい食堂やお薦めの観光地の話題で盛り上がった。「すんたろす」さんが感嘆するほど、津軽弁に対応できていた。

これから推察すると、OpenAIの言語データベースは信じられないほど大規模になっていて、世界の数多くの少数言語にもう対応できているはずだ。少数言語と文化を守りながら、「国語」を必ずしも経由せず、グローバル世界に適応する道があるかもしれないということだ。

第三に、産業を立ち上げる。国内市場にむけた産業は、輸送費の点で、競争力がある。国際市場に向けた産業はどうか。国際分業のなかで比較優位な産業がなにかあるはずだ。投資を受け入れ企業がうまく回るには、「未来マネジメント」のようなビジネスソフトが役に立つ。現地の国内法を国際社会に合うように整えておくには、行政サーヴィスを生成AI系ソフトで進めるように改革しておくことも大事だ。

要するに、生成AI革命は、グローバル・サウスに質の高い教育を普及し、資本と技術を円滑に移転するのに、強力な追い風となるだろう。

＊

生成AI移民という選択

資本や技術をグローバル・サウスに移転して、現地に産業を興すことは大切だ。それに並行して、グローバル・サウスの人びとがグローバル・ノースの国々に大量に移民して、先進国で労働者として働くことも大切だ。

生成AI系のマネジメント・ソフトは多言語に対応できるので、移民と相性がよい。優秀で勤勉な移民が先進国で働くのはよいことだ。人材が不足気味の先進国の企業にとってもプラスである。先進国の成長率にもプラスになる。所得を出身国に仕送りするなら、出身国にとってプラスになる。知識や技術を磨いた人材が出身国に帰国するなら、出身国の発展にとってプラスになる。低賃金の未熟練労働者でなく、優秀な人材がグローバル・ノースに移民としてやってくることが大事だ。生成ＡＩ系のさまざまなソフトが、移民のための環境を整えるだろう。

＊

生成ＡＩ系のマネジメント・ソフトは、職場のパソコンのネットワークで作動する。職場以外の日常生活のサポートも必要だ。それには携帯型の、多言語対応の同時通訳機器が役に立つ。

生成ＡＩを動かせるごく小型の機器が、すでに開発されている。スマホ用のイヤホンのような使い勝手の、携帯型の通訳機器がすぐに安価で購入できるようになろう。「どこだってトーク」だ。入国審査や銀行の口座開設や医療保険の申請やスーパーでの買い物やアパートの賃貸契約や近所のひととのおしゃべりや水道の修繕の依頼や…、習っていない外国語の口頭でのコミュニケーションが自由にできることは、その国で暮らす基本である。生成ＡＩは、それをサポートする能力がある。

中国の場合

世界人口の六分の一を占める中国についても、見ておこう。中国は、ひとつの国のなかにグローバル・ノースとグローバル・サウスが共存するような特別な国だからだ。

中華人民共和国が成立した当初は、戦禍で国は荒れ果て、典型的な発展途上国といった状態だった。中国共産党政府は、農業の集団化や計画経済など社会主義化を進めた。毛沢東《もうたくとう》は文化大革命を発動し、空想的な社会主義革命を号令した。鄧小平《とうしょうへい》は改革開放政策に舵を切り、文革を批判し、社会主義市場経済の旗印を掲げた。要するに、資本主義の道を行きます、ただし、中国共産党は権力を手放しませんがね、である。

＊

中国の資本主義は、中国共産党の監視付きである。だから、奇妙である。

まず、都市戸籍／農村戸籍（城市戸口／農村戸口）の区別がある。戸籍が、都市／農村で分かれている。農村戸籍の人間は、都市に移住する（合法的に居住する）ことができない。移動が制限されている。国のなかに国境があるようなものだ。そう、いまの中国は、グローバル・ノースとグローバル・サウスを束ねたものなのである。

農村戸籍の農民が、都市戸籍に変わる方法は、限られる。農村戸籍の女性は都市戸籍の男性と結婚すると、都市戸籍に変われる（性別が逆の場合は、都市戸籍の女性が農村戸籍になってしまう）。人民解放軍に入隊して兵士を何年か務めても、都市戸籍に変わることができる。大学に入学して卒業し、都市の企業に就職すれば、都市戸籍になることができる。これ以外のケースで、都市戸籍に変わることはむずかしい。

実際問題、都市部は農村の労働力を必要としている。農村から大量の人口が流入している、建設現場の作業員や、食堂従業員や家事労働者や、工場の従業員や…の彼らを農民工という。人数は、数億人にものぼる。大都市に数百万人ずつ、非正規の流動人口が滞留している計算になる。社会保障は受けられないし、子どもがいても学校に行けない。アメリカの不法移民より、もっと厳しい生活をしのんでいる。

＊

中国共産党は、農村人口が都市に殺到することを恐れた。だから、歯止めをかけた。都市部は急速に発展し、上海《シャンハイ》や深圳《しんせん》や北京《ペキン》は先進国並みの繁栄を誇っている。いっぽう農村部は、文革の昔と大差ないまま取り残されている地域が多い。

農村部の所得向上をはかるため、改革開放の初期には郷鎮企業が台頭した。一時はその出荷額が、国営企業をしのぐほどだった。人民公社をやめた農村が、自前の資本で製造業や運輸業に乗り出したのだ。技術力が乏しく、政府はその扱いに困った。そして国営企業にテコ入れしたため、まもなく没落した。

農村部の現金収入は、非農業部門に依存している。政府は、農村部から人口を、中小の地方都市に集める計画を立て、高層の集合住宅を建てた。都市には行かないで地元の経済圏にとどまれ、である。地方政府は調子に乗って、集合住宅を建てまくった。不動産バブルが崩壊し、地方都市は負債に苦しんでいる。この計画は難航している。

＊

中国では、口頭言語が多くの方言に分かれており、互いに意思疎通できない。まるで中国が、英語とフランス語とオランダ語とドイツ語に分かれているようなものである。漢字が共通なだけで、発音がまるで違うのだ。農民が、都市部で対等に働けないのは、言葉が通じないことも理由である。

生成ＡＩ系のソフトは多言語に対応できるので、この問題に悩む中国にとっては朗報である。どこだってトーク・中国版は、中国の国内をひとつにまとめるのに大きな力を発揮するはずだ。

国境の垣根は公正か

中国の戸籍制度のことを聞くと、たいていのひとは、なんて不条理で不公正な制度だろうという感想をもつ。同じ国民で、同じ人間なのに、平等に扱われない。

でも、落ち着いて考えてみると、国際社会のいまの姿は、中国の戸籍制度とそっくりではないかと思えてくる。国籍があって、生まれた国にいることはできるが、よその国には行けない。移住できない。それでも移り住んで働くと、不法移民になってしまう。

＊

国籍制度は、国民国家を守る仕組みだ。ある人びと（国民）が、税金を払って社会インフラを整備し、富を蓄え、医療や社会保障の制度を完備した。満足できる生活を送れる。これで安心だ。そう思っているとき、税金を払っていなかった人びとが外国から大勢やってくる。事情はあるのだろう。とは言え、社会インフラを享受し、医療や社会保障のお世話になる。これまで働いていた人びとの職場を奪うかもしれない。言葉も話せず、文化や歴史も違う。余計な手間がかかる。こんな人びとが無制限にやって来るのを、ストップするのは当然ではないか。

国籍と国境とビザの制度の背後にあるのは、こういう自然な考え方だ。

＊

国際社会のすべての国々がだいたい同じような経済発展をとげて、同じような生活水準にあり、似たりよったりの社会を築いているならば、国籍制度があっても不公正と言えないかもしれない。むしろ合理的な面がある。人類すべての人びとを、国ごとに守ることができるからだ。

実際はどうなのか。極端な不均衡がある。グローバル・ノースは、経済発展をとげ、社会インフラも医療や社会保障の制度も整えて、豊かな生活水準を実現している。軍備をもち、政治は安定し、教育が普及し、企業は国際競争力もある。それに対してグローバル・サウスの側は、経済発展が思うように行かず、社会インフラもさまざまな制度も整わず、それを克服するきっかけが摑めない。

これはグローバル・サウスのせいなのか。ひとことで言うなら、歴史のいたずらだ。グローバル・ノースはたまたま、順を追って経済や政治や社会を発展させる、歴史的な段階を踏むことができた。そして、世界を相手にして、資本を蓄積し、現在の状態を築いた。グローバル・ノースの人びとが努力したからでもあるが、ひと足先に優位を占めることができた幸運もある。それに対して、グローバル・サウスの国々は、資本も技術も教育も、国民のまとまりもない状態から、競争の激しい国際社会にほうり出された。初めから負け組として出発することを強いられた。小学校の一年生が突然、三年生の教室に入れられたようなものだ。ついて行くのは大変だ。

国籍制度は、この状態に文句を言うな、という制度になっている。現状が有利な、グローバル・ノースに都合のよい仕組みだ。

この先に希望が持てれば

国籍制度と国境がこのまま維持されるとして、グローバル・サウスに未来はあるか。時間をかけてもよいのなら、問題は解決するかもしれない。グローバル・サウスの人びとは、先進国のあそこがよい、ここがよいと憧《あこが》れる。そうなろうとする。先進国の制度も資本も技術も、じわじわとグローバル・サウスの国々に移転していく。自由貿易は、各国の要素価格（賃金）が均等になるのが、均衡状態だった（国際貿易の基本定理）。コップに入れた氷がやがて融《と》けて水だけになるように、自由貿易を続けていくと、遠い将来にはグローバル・ノースもグローバル・サウスも混じりあって、区別がなくなるだろう。

「遠い将来」。それはいつなのか。五〇〇年も一〇〇〇年も待たなければならないのなら、それは永遠にやって来ないと言われたのに等しい。人生は短い。人びとは絶望するだろう。

＊

希望が持てなければ、どうする。

おとなしく国際社会で、先進国に言われるままに、市場経済のゲームを続けていて何になると思うに違いない。はじめから不平等で、グローバル・サウスに勝ち目がないゲームなのだ。市場経済のしっぽにつかまって、果てしない労働を続ける。あるいは、それさえできなくて、失業したままである。武器をとって立ち上がろうにも、先進国の軍備にはかなわない。正規軍で正面から戦っても勝ち目がない。ならば、ゲリラやテロリストになってやろう。それ以外に、現状に不満であるという意思を示す方法がないのだから。

＊

そうやってグループを旗揚げすると、その道のプロが声をかけてくる。先進国は一枚岩ではない。国際社会のバランスを変え、自国に有利な状況をつくろうとする怪しげな国家があるのだ。武器も資金もあげるから、暴れてごらん。成果があがれば、また武器も資金もあげるからね。こうして、ゲリラやテロがビジネスになる。失業同然の若者がリクルートされる。怪しげな国家の手先として、事件をひき起こす。それでグローバル・サウスの置かれた状況が改善するわけではない。でも、ただ手をこまねいているよりましな気がする。

＊

この先に希望が持てれば、よりよい社会への具体的な発展の道筋が見えれば、そして、それをグローバル・ノースを含む世界の国々が支援していると信じられれば、ゲリラやテロリストになろうという人びとは減るだろう。そして、まともな人びとの間で孤立するだろう。世界にとってよいことだ。

では、どういう具体的な発展の道筋が見えるのか。生成ＡＩが、その道筋をつけるかもしれない。生成ＡＩは、単なる自由貿易（商品を運送するだけで、人びとを国境の内側に閉じ込めておく）を踏み出して、人びとが国境を自由に移動する可能性を高めるからである。

移民版・京都議定書

生成ＡＩによって、人びとが国境を越えて外国で働ける可能性が、健全な市民として移住先の国で生きていける可能性が、ぐんと高まる。可能性が高まるのなら、それを現実にしなければならない。一歩ずつであっても。

＊

ここで、温室効果ガス排出を規制する国際的義務を定めた、「京都議定書」を思い出してみよう。科学者が、化石燃料を燃やして出てくる温室効果ガス（炭酸ガス）のせいで、地球が温暖化しつつあると警告を発していた。国連のパネルの議論も踏まえ、各国は、炭酸ガスの排出削減を共通目標とすることを受け入れ、各国ごとの削減割り当てを受け入れた。そのあと、実際にいつまでにどう削減するかをめぐって紆余曲折するのだが、ともかく先進国を中心とする世界の国々が足並みを揃えたのは素晴らしいことだった。

人口が世界に、より均等に、より公正に、分布すること。これは、地球環境を守るのと同様に、人類の正義と公正と利益に合致するのではないか。そして、世界の国々が国際的な協定を結んで、目標と行程を示すのが適当なテーマではないか。

グローバル・サウスでは、人口の爆発的増加が続いている。世界の不均衡と貧困と飢餓が解消するきざしはない。

＊

世界の人口を支えるのに、従来のような農業で十分か。工業化した食糧生産が必要ではないか。養殖。培養肉。工場生産の豆類や野菜類。工業の究極の資源はエネルギーだ。化石燃料でないエネルギー源が手に入るならば、この道筋が可能になる。それはだいぶ先かもしれないが。

それまでの希望の光として、先進国が、最終的には数億人単位で移民や難民を受け入れると約束する。人類社会の公正と共存へのコミットメントの表明だ。生成ＡＩにもとづく一貫した支援のシステムを築くことが、この受け入れの基礎である。

＊

先進国に移住するのは、先進国の企業で就業できる専門知識や能力をそなえた人びとがまず第一陣になる。若い世代で新たに教育を受け、出身国では就業の機会がえられない人びとが移住するのなら、出身国の発展を阻害しない。出身国でそれだけの教育と訓練を受けて、先進国の企業から採用通知を受けていることが望ましい。

日本が移民を受け入れるとき

移住先の国と移住元の国とが契約を結び、計画的に移民を受け入れるやり方もあるかもしれない。移民してきた人びとは特定の地域に住みつき、移住元の国の行政サーヴィスを提供してもらうなど、移住元の社会と似たコミュニティを形成する。そして、移住先の人びとと共住する。

これは私が、『日本逆植民地計画』(小学館、二〇一六)という本で提案したやり方だ。でもそこでは、生成ＡＩの可能性を十分には織り込んでいなかった。

＊

日本は人口減少に転じた。減少などというなまやさしいものではなく、人口急減だ。遠くない将来に、人口が六〇〇〇万人に落ち込むだろうという予測もある。過疎集落は限界集落となり、消滅集落となる。地域社会が、櫛の歯が欠けるように枯死しつつある。

政府は、少子化対策なるものを実施しているが、何の効果もあがっていない。原因がつきとめられておらず、対策も見当外れだ。人口は減り続ける。

移民が日本にやって来ることで大きな利益をうるのは、先進国のなかでもとりわけ日本である。この選択肢を、真剣に検討しなければならない。

＊

本当を言えば、人口が減ること自体は、悪いことではない。ことに、先進国の人口が減るならば、資源の節約になるので、人類全体にとって有利である。先進国が一時的に困るだけだ。

人口が減ると経済成長ができない、という議論がある。だから何だと言うのだろう。経済は人間のためにある。一人あたりの所得が増えるなら、ある経済全体のＧＤＰが増えなくても、人びとにとってはプラスである。だから、人口が減らないことを絶対の目標にしないほうがいい。

国際社会の現状は、いっぽうで人口が減り、いっぽうで人口が増えすぎるという、不均衡である。移民は、その両方の困難を緩和する。だから検討すべき選択肢になるのだ。

＊

日本人のなかに移民が加わると、日本が日本でなくなる、という議論がある。日本らしさを守れ。だから移民に反対だ、と。

そう主張するひとは、日本の歴史を知らないのだ。

日本は、日清戦争の結果、台湾を割譲され、日本に編入することになった。一八九五年のことである。ついで、朝鮮半島を実質支配し、ついに併合した。一九一〇年のことである。台湾の人びとも、朝鮮半島の人びとも、日本人になった。一九三二年には満洲国が成立し、日本の衛星国のようになった。日本の勢力圏は東アジアに拡がった。

戦前の教科書にはこう書いてあった。大日本帝国は「多民族国家」です。大和《やまと》民族が半分以上を占めます。朝鮮半島の朝鮮民族、台湾の漢民族や少数民族もいます。さまざまな民族が天皇を戴《いただ》き、元首と仰いでいるのです。日本人はこのように、さまざまな民族から成っている。このほかに、信託統治の南洋諸島があり、南洋庁が置かれて統治権を及ぼしていた。これが敗戦までの常識だった。

日本が単一民族国家だということになったのは、戦後のことである。それを戦前に投影してはいけない。たしかに日本が、多民族国家として歩もうとした時期があったのだ。

4・2　グローバル世界の法

国民国家のその次へ

領土、国民、政府を有する主権国家。そういう国民国家の観念にとらわれている限り、選択肢は乏しい。移民を拒否し、地域社会が絶滅し、どこまでも社会が縮退していく道しか残っていない。

世界はグローバル化している。そこに生成AIのインパクトが加わって、いよいよ人びとが思い通りに移動できる時代が始まる。資源と資本と情報に加えて、人びとも自由に移動するようになれば、人類が等しい発展の機会をもち、幸福を追求する可能性がひと回り大きくなる。

＊

国際社会はまもなく、人びとが移動することを前提に、新しい国際秩序を組み立てるようになるだろう。それは、ポスト国民国家の時代である。

国民国家は、国民が領土に張りついて、自分たちの政府を組織し、国境の内側で通用する独自の法律を制定するシステムである。このシステムは、人類よりもずっと範囲の小さい、従ってコミュニケーションの容易な、人びとの集団が自治を行なえるという点で、メリットがある。けれども、よその国民を排除し、国民と国民が争いがちだという副作用もある。メリットはだんだん小さくなり、副作用はだんだん大きくなる。

＊

国民国家のその次、などあるのだろうか。

イスラム世界が、そのモデルとなるかもしれない。

イスラム世界は、人類社会にひとつの法律が与えられた、と考える。それが、預言者ムハンマドのもたらしたクルアーン（コーラン）にもとづく、イスラム法である。イスラム法は、人類に与えられた普遍的な永遠の法で、人びとに平和をもたらす。そして、人類の一部分が勝手に政府をつくることを正当化しない。イスラム教と国民国家は、もともとなじまないのだった。

国際社会が、イスラム法をそのまま採用するわけにはいかない。しかし、人類に普遍的な法があれば、国民国家のようなローカルな政府がなくてもよいのだ、という考え方はヒントになる。

国際法は代わりになるか。

＊

国際法は、イスラム法のような普遍性を持たない。それはキリスト教世界の法のあり方である。国民国家を拘束する慣習法だ。個々の市民の社会生活を、直接に拘束するわけではない。個々の市民は、その国の法に拘束される。その国の外に出た特別な場合に、国際法に拘束されると考えられるという話にすぎない。

国際法は、だから、ポスト国民国家の時代の人類社会の、普遍法にはならない。普遍法が必要なら、新しく用意しないとだめである。

連邦法はありうるか

ポスト国民国家のもうひとつの可能性として参考になるのは、アメリカ合衆国の連邦法である。

アメリカは五〇の州の集まりである。日本語では「州」と訳すのでわかりにくいが、英語では state 、つまり国だ。だから、統治者〔知事〈governor〉〕や議会や州法や軍〔州兵〕や裁判所や…がある。議会は立法権があって、刑法や民法を制定する。隣の州とは違っている。不便なことこの上ないと思うが、これが合州国（合衆国）たるゆえんである。

これにならうなら、世界にも連邦政府があって、その下に、州のように、各国がぶら下がるというかたちがありうるのではないか。

＊

アメリカ合衆国の場合、まず州があった。その州が、「自分たちはアメリカだ」と連帯して、宗主国のイングランドに叛旗《はんき》をひるがえし、独立戦争を戦った。そして勝利し、アメリカ合衆国憲法を制定した。憲法は、各州が互いに結んだ契約である。この契約によって、連邦政府という法人格が生まれた。各州はその連邦政府に、忠誠を誓った。

世界各国は、独立した主権国家である。そうした国々が契約によって、連邦政府という法人格をつくりだし、それに忠誠を誓うであろうか。

ありそうにないと思う。アメリカ合衆国の場合、イングランドという強力な敵がいた。州がばらばらではやられてしまう。安全保障のため、州がまとまった合衆国に、すくなくとも軍事指揮権があることはどうしても必要だった。世界各国の場合、まとまって戦うべき敵がいない。むしろ互いが敵である。世界各国が連邦政府をつくって、そこに権限を預ける動機がない。連邦政府に法律の制定権をみとめようとは思わない。連邦政府は成立しないし、機能もしないだろう。

ＥＵはどうか。ＥＵはフランスやドイツや…の主権国家を束ね、それらを超えた政治的実体をつくろうとしている。議会があり、大統領がいる。でもいまのところかたちばかりで、統治権をもつ実体として機能していない。安全保障は、ＥＵとは別に、ＮＡＴＯ（北大西洋条約機構）が担っている。これは、アメリカが仕切り役となって、ソ連（いまはロシア）を敵として対抗するものだ。ＮＡＴＯが機能しているから、ＥＵは機能しなくても大丈夫なのである。

＊

条約ならどうか

連邦政府のような統治の実体をつくらずに世界各国を協調させる仕組みは、あるとすれば条約である。条約によって、ポスト国民国家の国際秩序をつくれるだろうか。

まず、ポスト国民国家とは、どういう状態だろうか。

人びとが、国境に縛られない。必要があれば、そして行きたいと思えば、国境を越えてよその場所に行ける。そういう意味で、国境は国境でなくなる。

あるひとがどこにいても、法のもとにある。それは自国にいる場合と同じだ。その誰かが国境を移動するたびに、いちいち別な法律のもとにあることになるとややこしい。おおもとは同一であることが望ましい。そのように法律を調整できるとよい。たとえば、道路交通法を思い浮かべてみるとよい。標識の図案や交通ルールの原則は、共通である（右側、左側通行は国により違ったままで、統一されていない）。国際運転免許証の仕組みがあって、よその国でも運転できる。このやり方を真似して、刑法も、民法も、商法も、できれば税法も、行政法も…統一することができないか。

法律プラットフォームをつくる

法律の統一化を、どう進めるか。

生成ＡＩ系のソフトによって法律や行政の運用を支える仕組みができているのだと前提しよう。すると、各国の法律や行政の運用を集積したデータベース（大規模言語モデル）がつくれる（多言語のデータを、便宜上、英語に変換する）。

そこから、道路交通法の要領で、各国の法律から共通部分を取り出して、世界共通の法律を取り出す。この作業は、生成ＡＩが大得意な分野かもしれない。ただ、世界の法律はそう簡単に一枚岩になってくれない。たとえば、商法はもともと国際取引を扱う法律だったので共通度が高いが、民法は社会ごとのローカルな法律なので、共通度が低かったりする。商法は共通点を取り出しやすいが、民法は取り出しにくい。

ではどうするか。共通度に応じて、階層的に法律の骨格を取り出すのがよい。

＊

刑法を例にしてみる。つぎのような階層に分けて取り出せるのではないか。

A．どの国でも共通する層　…殺人はいけない。傷害はいけない。窃盗はいけない。
B．国によってやや異なる層　…詐欺はいけない。麻薬はいけない。権利の侵害はいけない。
C．国によって異なる層　…名誉毀損はいけない。中絶はいけない。
D．国によって相当異なる層　…同性愛はいけない。プライバシーの侵害はいけない。

刑法は、罪刑法定主義の原則がある。犯罪とされる行為に先立って、それを罪とする明文のある法律が制定されていなければならない。誰にどの法を適用するか、あらかじめ決まっていなければならない。

国民国家のもとでは、誰に対してもその国の刑法を適用する。その国の警察が容疑者を検挙し、その国の裁判所が有罪か無罪かを決める。領土の外でも法を適用できる場合がある。公海を移動する船舶では、その船の船籍がある国の法を、船長が執行する。領空の外を飛ぶ飛行機では、その飛行機の所属する国の法律を、機長が執行する。

人びとが自由に国境を越えて移動すると、どの国の刑法を適用するかが問題になる。西欧列強が植民地を統治していた時代、本国の人間は現地の法で裁かれなかった。治外法権である。本国の法で本国の裁判所（の出張所）が裁くと、現地の人びとの権利は守られなかった。

こういう不合理があってはならない。つぎのように工夫してはどうだろうか。

・各国は条約を結び、刑法のAのレヴェルを承認し、刑法をそれに合わせて改正する。

・各国は条約を結び、刑法のB～Dのレヴェルを選択的に承認し、刑法をそれに合わせて改正する。

なるべく多くの国が、CやDのレヴェルを選択的に承認すると、各国の刑法がほぼ同じになる。

こうした作業を進めるには、とても面倒な作業が必要である。けれども、面倒な作業であることのマイナスを上回るプラスがあることも明らかだ。やがてこうした法律の改正作業が、まず主要国のあいだで日程にのぼってくるだろう。

刑法がほぼ同じになれば、裁判所を各国政府と切り離して、国際機関として設立し、運用する可能性も出てくる。

イスラム法と中国法

すべての国が、このやり方になじむとは限らない。

イスラム法を基本とする法体系を採用している国がある。その国の刑法は世俗法かもしれないが、イスラム法を下敷きとしている。もともとイスラム法は、刑法を含んでおり、イスラム法学者が裁判官をかねていた。法律の体系がキリスト教文明の国々と違うので、条約によって国際的に共通の法体系を構成しようという発想になじまない。

中国の法体系も独特である。中国共産党は、憲法に規定のない超憲法的な任意団体である。その中国共産党が、政府と人民を指導する。裁判所にも党委員会があり、党の指導を受ける。裁判官の独立や良心の自由は認められていない。立法機関である全国人民代表大会は休会期間中、常務委員会を開いて立法を行なうことができる。常務委員会は党機関の指導を受ける。中国共産党中央が司法権も立法権も持っているということだ。もちろん、軍事指揮権も持っている（国家軍事委員会よりも党の軍事委員会のほうが上位機関である）。ナチス・ドイツ以上の専制的独裁国家であると言われても仕方がない。

中国のほかにも、法のあり方が西側世界の法体系と合わない国々が多くある。法を国際的に統一するのは簡単でない。

西側世界の法思想

近代法は、西側世界の法体系である。キリスト教を背景としている。

さて、キリスト教系の社会といっても、実はその法体系はまちまちである。

英米系の法体系は、コモンロー。もともとの慣習法（判例法）の体系のうえに、立法されたさまざまな法が載っかっている。プロテスタントのなかでも、カルヴァン派の影響が強い。対するフランス法は、ナポレオン法典（民法）が基本。国法は共和国憲法である。カトリックに対抗する啓蒙思想（理性主義）の影響が強い。またドイツは、概念法学の実定法主義。ルター派が背景にある。ルター派はドイツ政府のもと、カトリックと協調したので、ドイツの法体系は保守的である。このように、キリスト教系の社会は一枚岩でなくて、異なった法思想に分かれている。

＊

ここから共通に抽出できるのは、人権の観念と、自由と平等の理想と、民主主義の政治理念である。これは国連をはじめ、国際機関の共通了解事項のようになっている。だが、世界の国々に等しく受け入れられているかというと、温度差がある。

生成ＡＩ系ソフトによる世界共通法は、現に通用している各国の法体系から、その骨格をデータ処理によって取り出そうとするもの。価値中立的な操作である。西側の法体系の理念にのめり込んだやり方よりも、世界のより多くの国々に受け入れられる「共通法」を取り出せる可能性がある。

国連のような国際機関のもとに、「世界共通法条約制定委員会」準備会のようなものをつくって、作業を進め、各国に提案する。国際社会の団結と連帯を、もう一歩進めるプロジェクトである。これが成果を収めれば、世界に恩恵をもたらすだろう。

4・3 人類の一人として

人類共通ナンバー

人びとが国境をまたいで移動するなら、その人びとを保護し、人権を守らなければならない。その基礎になるのが「人類共通ナンバー」である。

多くの国々は、国民にナンバーを与えている。アメリカのSSN（ソーシャル・セキュリティ・ナンバー）。九桁《けた》の数字で、アメリカ市民全員や永住権保持者に加え、一時滞在者にも与えられる。給与を受け取るのにも、社会保障や行政サーヴィスを受けるのにも…、SSNが必要だ。日本は、マイナンバーが始まった。住民登録や医療保険証とひも付いて、一元化されることになっている。

各国政府がこういうやり方でばらばらに与えているナンバーは、その国ではそれなりに機能している。また、パスポートを発行してもらえば、外国に移動することもできる。外国に長期滞在する場合には、新しいその国の番号をもらうこともある。こういうやり方でなんとかなっているのではないか。

＊

このやり方でまずい場合がいろいろある。

まず、政治亡命の場合。自国の政府ににらまれて、命の危険があるなどして亡命するのだから、自国の支援はえられない。パスポートもないかもしれない。ビザの申請もしにくい。亡命を試みたその日から、苦難が待っている。

北朝鮮の脱北者も、同様だろう。きちんと書類を用意できるわけがない。

戦乱や飢餓で難民となり、隣国をめざす人びと。自国の社会が崩壊して、生命の危機が迫っている。

これほどの限界状況でなくても、自国を離れなければならない事情を抱えた人びとは大勢いる。そういう場合に無条件で法的身分を与えるのが、人類共通ナンバーだ。これは、独立組織である「人類共通ナンバー機構」（仮称）が発行するパスポートのようなもの。この機構は、領土も政府ももっていないが、人類であれば誰にでも法的身分（人類共通ナンバー）を与えることができる。万国郵便連合のような機関として、世界の政府と協定を結んで活動することが望まれる。各国の政府は、人類共通ナンバーの持ち主に、ビザを認めなかったり入国を拒否したりできるので、各国の主権を侵すわけではない。でも、ビザを認めたり入国を認めたりする政府もあるだろうから、人類共通ナンバーの持ち主の人権を守ることができる。人類共通ナンバー機構は、国連に付属する機関として、国連の予算で運営することもできるだろう。

この機構は、国民国家の体制に対する、風穴である。

*

人類共通ナンバーは、国籍ではないので、もとの国籍を保ったまま誰でも申請し取得することができるようにするのが望ましい。すると、次第に人類共通ナンバーを取得する人びとが増えて、ほんとうに「人類共通」のナンバーとして機能し始める。人類全員に共通のナンバーが付与されていることは、国際社会でのビジネスや課税やさまざまな国際業務にとって、いちじるしい利益をもたらすことは言うまでもない。

人類共通ナンバーは、個人情報やプライバシーに結びついている。各国政府が欲しがるデータだろう。二重、三重の高度な守秘メカニズムが必要だ。個人情報は人びとの自由の基礎である。各国政府から正当な要求があった場合（たとえば、麻薬や凶悪犯罪などの刑事事件の場合）に限って、情報を提供する（それ以外の場合は提供しない）といったルールづくりが必要だ。

生成ＡＩ系のソフトは、国境の垣根を低くし、人びとの移動可能性を高める。

では、誰がどのように移動するか。

移動と居住の自由

国民国家は、国民に、国内の移動と居住の自由を保障している。人びとは、どこに移動しどこに住むか、自由に決めることができる。もしも政府がこの自由に干渉すれば、スキャンダルである。

政府は、緊急避難命令を出すことができる。それは、人びとの生命・安全に危険が迫る特別な状況である。特定の地域で特定の期間を限って発令される。自宅に居たいからと危険な場所から立ち退かないひとがいると、救助に向かう政府職員が危険にさらされる。

疫病が蔓延《まんえん》するのを防ぐため、特定の地域に立ち入ったり、特定の地域から出たりすることを制限する場合がある。外出を制限することもある。パンデミックのような緊急事態だ。その目的は、公共の福祉（人びとの安全で幸福な生活）を確保するためである。

それ以外の状況では、国民は、自国内を自由に移動し、自由に居住地を選ぶ。中国のように、居住を制限しているのは、例外的である。

＊

では国際社会で、人びとは望む場所に移動し居住する自由を享受すべきなのか。それは理想である。望ましいことでもある。だが、人びとが自由に移動すると、大都市に集中しすぎるなど、人口分布の均衡を乱してしまう可能性がある。対立と紛争をもたらす可能性もある。では、人びとは移動の自由をどこまで要求し、どこまで実現すべきか。これが時代の課題として、議論の争点になるだろう。

この点に立ち入った原則を示している思想は、まだない。

誰がどのように移動するか

生成ＡＩ系のソフトは、人びとが国境を越えて移動する可能性をぐんと高める。言語の障壁が低くなるからだ。

では、どんな人びとが移動するのか。

第一のグループ。専門知識や能力が高くて、先進国の就労ビザや留学ビザをえることができるタイプの人びと。本人たちは、移住の意思がある。先進国は、彼らを受け入れる意思がある。双方の意思が一致しているのだから、対立も紛争もない。専門知識や能力をそなえた人材が、資源や条件の整った環境で、思う存分に活動できる。本人たちの人生が充実し、受け入れ国にも利益をもたらす。人類社会にもプラスとなるだろう。本人たちの本国は、人材が流出して、一時的にマイナスになるかもしれないとしても。

＊

生成ＡＩ系のソフトは、こうしたタイプの人びとの移動を加速する。生成ＡＩ系のソフトは、言語障壁を取り除くからだ。それまで、専門知識や能力が高い人びとは、かなりのエネルギーを費やして、英語（など、先進国の言語）を習得する必要があった。生成ＡＩ系のソフトやどこだってトークは、専門知識や能力を活かす職場や日常生活で、英語などを習得していなくてもすむようにしてくれる。そのぶんもっと、専門知識や能力を高めるのに集中できる。移住を希望する人びとはずっと増えるだろう。

ビジネス・リーダーの移住

第二のグループ。企業で働くビジネス・リーダーやマネジャーの人びと。本人たちに移住の意思があり、先進国も受け入れる意思があれば、移住できる。先進国の企業や事務所で、職員として勤務できる。

従来、こうした移住はそんなに簡単でなかった。ビジネス・リーダーやマネジャーとしての能力のほかに、英語（など、受け入れ国の言語）の十分な能力がなければ仕事にならなかった。そうした言語能力を身につけるのは、それほど簡単でない。他に代えがたい専門知識や傑出した能力をもっている人材なら、言葉が少しぐらい下手くそでも我慢してもらえる。ビジネス・リーダーやマネジャーは、人数が多くて競争が激しい。だから、移住できるケースは多くなかった。

生成ＡＩ系のビジネスソフトを採用すると、そうした状況が劇的に変化する。外国語を用いる能力があろうとなかろうと、企業や事務所の日常業務がふつうにできる。これまで言語能力のせいでふるい落とされていた人びとが、有力な人材として、採用可能になるのだ。より幅広い候補者のなかから最適な人びとをピックアップできる組織のほうが、よいパフォーマンスができるだろう。

一般の労働者の移住

第三のグループ。現場で働く一般の労働者。

先進国はどこも、エッセンシャル・ワーカーなどの現場労働者が不足している。勤勉で信頼できる労働者なら歓迎である。言語のせいでコミュニケーションがむずかしいので、海外からの移住は簡単でなかった。生成ＡＩ系のソフトが実用化されると、言語の垣根はほとんど問題にならなくなる。従来、単純労働や建設労働や、言葉をあまり使わない職種が中心だったものが、それ以外の職種にも拡がる。

先進国に移住して働きたいと思う人びとは多い。先進国が提供できる就労機会はそこまで多くない。そこで、移住の機会をめぐる競争が激しくなる。

志望者が多くて受け入れ人数が少ないので、受け入れ国が人材を選択することになる。または、受け入れる企業や事業所が契約を結んだ場合に、受け入れることになる。どちらにせよ、大部分の人びとは移住できない。移住できない人びとのあいだに、不満が溜まっていくだろう。

＊

生成ＡＩ系のソフトのおかげで、先進国での就労の可能性が開かれた。でも実際には、就労の機会はごく限られている。国際社会はなんと不公平なのか。グローバル・サウスの国々は人口圧力が増し、貧困が拡大していく。声にならない声が、はっきりした声になり始める。

「人口の京都議定書」

伝統社会が産業化すると、人口が増える。四倍ぐらいになるのだった。

人口は増えるけれども、それにみあった就業機会が生まれない。人口が農村に溜まり、圧力が生ずる。日本も大正から昭和にかけて、こうした現象を経験した。

そこで開拓や、海外への移住が選択肢になった。ハワイやアメリカ本土に移住する。満洲に移住する。ブラジルなど南アメリカ大陸に移住する。多くの人びとが海外を目指した。農地のえられない農民には、農地が分配されるという約束は魅力的に響いた。

政府は農民の海外移住を後押しした。人口圧力を緩和でき、国際的な進出の足場にもなる。しかしその先を考えていたわけではない。移住する人びとの生活に親身に寄り添ったわけでもない。

日本が国際戦略を誤り、世界情勢を読み違え、軍事的にも政治的にも行き詰まり、悪手を連発したのはこういう局面だった。

＊

二一世紀の国際社会は、もっと賢明にふるまうことを期待したい。では、どうすればよいのか。

グローバル・サウスの国々が国連に訴えるなどして、人口分布の国際的公正と移民の長期目標の協定をめざす、国際会議が設定されるだろう。グローバル・ノースの国々も、訴えの合理性を理解する。そして結ばれるのが、「人口の京都議定書」だ。

地球温暖化をめぐる国連の政府間パネルの京都会議では、

・地球の温暖化が進みつつある。

・それは、大気中の炭酸ガス濃度が上昇していることが主たる原因である。
・各国は数値目標を設けて、炭酸ガスの排出を抑制する。
・所定の期間が経過したら目標を見直し、国際協力で、最終的に地球温暖化を抑制する。
ことを合意し、京都議定書を締結した。

移民をめぐって開かれるだろう国際会議では、
・人口分布の不均衡が、人類に耐えがたい痛みを与えている。
・先進国は不均衡を是正するための、移民の受け入れの数値目標を示せ。
・あわせて、困窮する国々に対し、継続的な資源と資本の供給を約束せよ。
・数年ごとに目標を見直し、国際協力で、人類社会の最悪事態を回避する。
ことを合意し、人口議定書を結ぶことをめざす。

先進国は、移民の受け入れの数値目標を設けることを、拒否することもできる。けれどもグローバル・サウスの国々であまりに悲惨な事態が続発するなら、国際世論がそれを許さないだろう。

生成AIは世界を変える

生成ＡＩは人びとの移動可能性を劇的に高める。その結果、いまの国際社会の基礎である国民国家（国境）の制度が、人類社会の実態に合わないことがますます明らかになる。移民の問題は、その先鋭な現れのひとつにすぎない。

ＣｈａｔＧＰＴをさきがけとする生成ＡＩが明らかにした、国際社会の新たなあり方とは何だろう。本書の議論をまとめて、整理してみよう。

＊

社会は、モノと情報の交流のシステムである。

資本主義社会も、モノと情報の交流のシステムである。ただしそれが、それまでの社会よりもはるかに高度化している。

資本主義プラス国民国家のシステムは、どのように構成されていたか。各国の経済は商品を生産する。それは、自国で消費され、また各国に輸出される。各国は相手国から商品を輸入する。生産要素は、土地、労働、資本。土地は動かない。労働も動かない。言語の違いや人びとの習慣の違いによって、労働者は自国に縛りつけられているからだ。資本も動かない。資本は機械設備で、固定されているからだ。技術は、資本や労働と一体となっていて、移動しない。しかし、各国でほぼ等しい。情報が移動するからである。つまり、生産関数は各国で等しい。外交官や旅行者などごく一部の人間は各国間を移動するとしても、経済的には無視できる。情報も各国間を移動する。このように構成されていた。これが「国際貿易の基本定理」の前提である。リカードや、ヘクシャー＝オリーンや、サムエルソンの描いた世界だ。

実際には、各国の生産関数は等しくない。資本や技術が等しくない。労働者の教育や訓練が等しくなく、生産性が等しくない。「国際貿易の基本定理」は、自由貿易を続けていけば、各国の要素価格（賃金など）が均等になると言う。でもその前提が必ずしも成立しないので、いくら自由貿易を続けても、南北格差はいっこうに解消しないのかもしれなかった。

＊

この資本主義の古典的なシステムが、経済のグローバル化の時代にどう変わったか。

グローバル化で、資本と技術がすみやかに移動するようになった。貨幣も技術者もビジネス関係者も、すみやかに移動するということである。土地は移動しないまま。労働者も移動しないまま。そのため、各国の賃金は異なったまま。よって、資本や技術が移動するのなら、先進国ではなく新興工業国に生産拠点を置いたほうが、利益が大きい。逆に言えば、先進国に生産拠点を置いたままでは、利益が出ない。そこで、製造業は先進国から新興工業国に出ていく。産業空洞化である。先進国の労働者の賃金は、上昇が抑えられる。

中産階級が解体する。新興工業国の賃金は上昇し、中産階級が出現する。

これがいま、ポスト冷戦の時代の、世界で起こっていることだ。

いまこの、ポスト冷戦の時代が終わり、ポスト生成ＡＩの時代が幕を開けようとしている。

＊

ポスト生成ＡＩの時代は、ビジネス革命とともにスタートする。

生成ＡＩ系のビジネスソフトは、多言語対応である。どの言語ネイティヴのビジネスパーソンでも、世界の国々の企業で働ける。もっとも、勤労者としての勤勉さと、教育と職業訓練を身につけていることは必須である。とにかく、先進国や新興工業国の企業（本社や事業所など）で勤務できる人材の、人数が爆発的に拡大する。

すると、ふたつのことが起こる。

ひとつは、先進国の本社機能が強化される。母国語に関係なく、数多い候補者のなかから最適の人材を選ぶことができて、マネジメントの質が高まる。しかも、人件費は膨張せず、かえってスリムになる。先進国への労働移動は増えるだろう。ただし、ほんとうに優秀でなければ、本社勤務はつとまらない。

もうひとつは、先進国の本社機能が、グローバル・サウスに移転する。ちょうどコールセンターが沖縄やインドに立地したように、本社は世界のどこにあってもよい。本社のトップ機能だけは先進国に残るのかもしれないが、残りのマネジメント部門は世界のどこにあっても問題ないからだ。

＊

まとめよう。

生成ＡＩ系のソフトのおかげで、人びとがどんな言語を用いているかということと、労働のあり方とが、無関連化する。現場はもともと、言語に依存する割合が少なかったから、世界に展開した。それを追うように、マネジメント部門も、世界のどこにでも展開できるようになる。マネジメントの本質は、情報のやりとりである。ゆえに、モノ（物質的なプロセス）と切り離して、マネジメントにたずさわる労働者の組織として、どのようにでも配置できるのである。

4・4　ポスト生成AIの世界

モノ／情報／資本主義

経済活動は、モノと情報の交流のシステムである。

モノの移動には、コストとエネルギーがかかる。モノは特定の場所に所在している。移動させるには、重力その他に抗して、移動させなければならない。運輸であり、流通である。製造業は、さまざまなモノを組み合わせて、新しいモノをつくる。それは、技術を用い、機械設備（資本）を用いて、特定の場所で行なわれる。

モノの移動には、コストを最小化するなどの、合理性が求められる。海上輸送（船舶）や、陸上輸送（道路や鉄道）など。アマゾンのような輸送のプラットフォームは、今後もますます拡充していくだろう。

＊

情報の移動には、モノの場合ほど時間もコストもかからない。インターネットのようなインフラが必要ではある。しかしいったん整備されてしまえば、情報を運ぶのに、追加のコストは比較的わずかである。

では、情報の移動の障害とはなにか。それは、多言語状況である。人間が情報として受け取るのは、言語と画像である。画像は、人びとにとって同一であって、翻訳にあたる操作が必要ない。それに対して、人びとが用いる言語は何種類もあり、変換（翻訳）しないと意味を持たない。通信によって外国語が伝わってきただけでは、意味がわからない。言語から言語への変換（翻訳）は、これまで人間がやるしかなく、それがコストになっていた。また、労働力の移動の妨げになっていた。

生成ＡＩ系のソフトは、その障害を取り除く。この結果、情報の交流はかつてなかったほど効率的になる。マネジメントも、教育も、そのほかの情報のやりとりも、生成ＡＩのおかげで革命的に変化する。

情報は速く、モノは遅い

情報とモノの間に、時間差がある。

情報は先にやって来る。モノは後からやって来る。

それは、移動のスピードが違うからである。モノは、移動させるのに、その都度、エネルギーとコストがかかる。

だが、もっと根本的には、ビジネスの構造による。企業はまず、交渉して契約を結ぶ。どちらも情報のやりとりである。そのあとモノの過程が始まる。原料を輸送し、製造し、製品を輸送する。これにはそれなりの時間がかかる。

＊

情報がそれ自体として、消費される場合もある。まず、教育である。教育は情報の提供である。提供を受けた人びとは、考え方や行動を変化させ、準備の整った労働者となる。教育を受けた時点から、実際に労働してそれが役に立つまで、何年もの時間的なギャップがある。

もうひとつは、ニュースである。自分の生きるコミュニティの外側の世界で、何が起こっているかが、情報となって伝わってくる。画像をともなう場合もある。情報をもっぱら商品として伝える企業（メディア）があり、取材し、加工し、伝達する。ニュースは、現実の世界（モノとひと）についての情報である。それは、知る価値／知らせる意味があるから、送られてくる。情報を受け取ったひとは、喜び、悲しみ、怒る。情動をゆさぶられる。自分の生きるコミュニティに直接関係ない。まあ、むだな情動である。けれども、経済（資本主義）はそうした情報のつながりと重なりあう、モノのネットワークでできている。情報が伝わっても、モノの秩序は動かない。モノの秩序（経済や政治や…）を動かそう。そういう動機を与えるのも、ニュースである。

エネルギーがモノを動かす

世界の問題を解決するには、モノを動かさなければならない。モノとは、食糧である。飢餓を解消できる。製品である。人びとに便益を届けることができる。資本である。成長と雇用をうむ。軍備である。平和を実現し、場合によっては戦争をひき起こす。

そして、モノとは、エネルギーである。エネルギーがあれば、原料を獲得し、製品をうみだし、食糧を生産し、製品を運搬し、資本を動かし、人びとの生活を支えることができる。すべてのモノの背景に、エネルギーがある。

第４章では、人口の不均衡を考えてみたが、見方を変えると、これはエネルギーの不均衡でもある。エネルギーとは、富のことであり、人間のモノに対する支配力のことであるから。

＊

エネルギーは、長いあいだ、人力労働のことだった。この場合には、エネルギーと労働力とは分離しない。伝統社会では、森林資源や風力や水力も用いられたが、わずかなものだった。

蒸気機関が登場した。燃料として、石炭が利用された。石炭が埋蔵されている場所は、ある程度片寄っていた。

内燃機関が登場した。燃料として、石油が利用された。石油が埋蔵されている場所は、石炭に比べてもさらに片寄っていた。産油国が巨大な収益をあげ、シーレーンを通って、消費地にタンカーで石油が運ばれた。天然ガスも、ほぼ同じ場所から採掘された。

電気が登場した。電気は化石燃料のようなエネルギー資源（石炭、石油）を用いて製造する、二次エネルギーである。用途が広いので、企業でも一般家庭でも便利に用いられているが、貯蔵ができない。そのため、発電所で常時生産し続けなければならない。

電気は、消費者に送電される。電気抵抗のせいで数百キロを超えると効率が悪くなるので、発電所は消費地の近くにいくつも設置される。

原子力が登場した。燃料として、ウラニウムなどを用いる。ウラニウムなどが埋蔵されている場所は、かなり限られている。燃料を製造する濃縮などの技術はかなり高度で、先進国が独占している。

＊

核融合エネルギーが、遠くない将来に、利用できるようになる。

核融合発電は、重水素などを燃料に、電力を用いて核融合反応を起こし、投入した以上のエネルギーを取り出す。

燃料は、石炭や石油などの化石燃料でも、ウラニウムなどの稀少《きしょう》鉱物資源でもない。主に重水素を用いる。重水素は海水中に豊富に存在する。**核融合発電は、エネルギーが装置産業になる、ということである。**

核融合発電は、炭酸ガスを排出せず、地球環境への負荷がほぼない。地球温暖化問題の解決への切り札となるだろう。

核融合発電が実用化された場合、既存のエネルギーはすべて核融合に置き換えられるだろう。湾岸の産油国の繁栄は終わり、サウジアラビアもアラブ首長国連邦もカタールも、元の砂漠に戻る。石油や天然ガスを売ってなんとか持ちこたえていたロシア経済も、地盤沈下するはずだ。

核融合発電所をどう造るか

エネルギーは、モノである。

核融合によって、エネルギーが装置産業になるということは、それが資本になるということである。もちろん資本は、モノである。そしてエネルギーは、ほかのモノをうみだして、分配する。

発電所は、消費地に立地する。企業（製造業）があるから、発電所が立地する。発電所があるから、企業（製造業）が立地する。ここには、循環関係がある。発電所を造り、その電気代が十分安ければ、産業が育つ、ということだ。

＊

この、エネルギー（電力）と産業との循環関係は、これまではっきりしなかった。発電には、石炭や石油や天然ガスなどの天然資源が必要で、それは船舶で運搬した。だから発電所は、消費地の近くで港湾設備が整った場所に立地した（原子力発電所の立地と比較せよ）。グローバル・サウスの国々は、港湾設備が整っていないから、また産業が未発達だったから、大きな発電所をつくるのは困難だった。

核融合発電は、原料の運搬の制約から解き放たれる。だから、発電所の立地について、大きな自由度が手に入る。

＊

では、誰が核融合発電所を建設するか。現在の電力会社（配電網をもっている）だ。核融合発電設備は、そんなに大きくない。石炭や石油や天然ガスの備蓄も、港湾設備もいらない。先進国では、いまの発電所を取り払って、そこに設置すればよい。送電網がそのまま使えるからだ。

では、誰が核融合発電所を受注するか。それは、もっとも効率的に発電でき、発電単価の安い装置を製造できる企業である。高性能な電磁コイルや、プラズマを臨界に安定させる制御技術や、そのほかさまざまな周辺技術を組み合わせた企業連合である。発電単価の安い企業が、世界の核融合発電所を受注できるのだ。

日本企業は、ここに潜りこめる可能性がある。それまで、ものづくりの伝統が途切れていなければ。そこに大きなビジネスチャンスがあることを、ちゃんと見据えておかなければならない。

エネルギーをどう配分するか

核融合発電の発電原価は、どれくらいになるか。

在来型の技術で、石炭火力の発電原価は、一〇¢／kwhを切っていた。これは、地球環境への負荷（外部不経済）を織り込んでいない。本当はもっと高い。

とは言え、核融合発電の発電原価が、これを下回ることが望ましいのはもちろんだ。そうなれば、きわめて短期間のうちに、世界中の発電所が核融合発電に置き換わることになる。

発電原価は、発電施設の建設費用（の毎年減価償却分）÷一年間の総発電量、である。研究開発費は巨額になるが、発電所の数は多いから、発電所一基あたりのコストは低くなる。いくらぐらいになるか諸説ある。石炭火力よりうんと安くなる可能性もある。

＊

もしも核融合発電が実用化し、しかもエネルギー単価がうんと安くなるのだとすれば、経済も人類社会もそれまでとは様変わりする。

エネルギー単価が安くなれば、食糧が安くなる。食糧はエネルギーでつくられるから。エネルギー単価が安くなれば、資源が安くなる。資源はエネルギーを使って集めるのだから。

エネルギー単価が安くなれば、工業製品が安くなる。工業製品はエネルギーでつくられるから。

エネルギー単価が安くなっても、相対的に安くならないのはなにか。賃金（人びとの購買力）である。人びとは、いままでより安くなった生活資材を購入して、いままでより豊かな生活を送ることができるだろう。つまり、エネルギー単価が安くなるのは、よいことである。

＊

核融合発電の電力は、どう人びとに届けられるか。

発電の材料になる重たくてかさばるエネルギー資源（石炭や石油）を、発電所に運び込む必要がなくなる。核融合の原料になる重水素そのほかは、分量がわずかですむ。

もしも建設費がわずかですむなら、グローバル・サウスの国々にそれぞれ、核融合発電所をつくるのがよい。安価なエネルギーが豊富になることが、経済発展の基礎になる。食糧援助やＯＤＡよりも、発電所だ。資金が足りないようなら、先進国が協力して借款を組もう。

もしも建設費がそれなりにかかり、しかし電気代が安いのなら、拠点（アフリカで言えばエジプトとか南アフリカとか）に核融合発電所をつくり、そこから送電しよう。交流だと五〇〇kmが限度である。高圧直流送電という技術を使うと、数千kmを送電してもロスはごくわずか。アフリカ全体をカヴァーできる。この送電網は、基幹設備なので、万一のことを考えて、網の目状のネットワークの送電網を組んでおく必要がある。近くの送電網から電力の供給を受ければ、どの国にも産業を興す基盤が整うことになる。グローバル・サウスの国々にとって、安価で豊富な電力は、発展のための基本インフラだ。

エネルギー自立が、経済発展の土台

核融合発電への移行は、グローバル・サウスの国々にとって、チャンスである。なぜか。さっきものべたが、エネルギー⇕経済発展、は循環（ニワトリとタマゴ）関係にある。エネルギーがあれば経済発展が起こる、とは言えない。しかし、エネルギーがなければ経済発展はありえない。これまでグローバル・サウスの国々が発展できなかったのは、その最初の一歩が踏み出せなかったからだ。

グローバル・サウスの国々は、就業率が低い。賃金も相対的に安い。人的資源が豊富だということだ。もしも教育が行き届き、治安が安定し、人びとが向上を望むなら、チャンスはある。生成ＡＩ系のソフトが、追い風となってくれるだろう。

＊

一部の人びとは、先進国か周辺国に、移民するかもしれない。けれども、大部分の人びとは自分の国にとどまるだろう。自分の国でも、希望と未来と発展の可能性が開かれること。これが必要だ。安価なエネルギーと生成ＡＩ。これが、先進国に追いつく階段の、一段目と二段目なのである。

ポスト国民国家の時代へ

国民国家はこれまで数百年にわたって、人類社会を秩序づける仕組みだった。

それは、人類社会を、つぎのように秩序づけてきた。

・モノの秩序　…国境のなかにあるモノは、国民国家が自由に処分できる。
　　　　　　　　国境を越えるモノの移動は、国民国家が管理する。
・軍事の秩序　…国民国家は戦争ができる。軍事力のバランスで、平和を保つ。
・政治の秩序　…覇権国（いちばん強い国）が全体を仕切る。
・情報の秩序　…覇権国の言語を、共通語に採用する。
・ひとの移動　…国境を越えるには受け入れ国の許可が必要。

資本主義は、国民国家を越えて拡がる。国境を越えて、資本や技術を移動する。国民国家の体制は、先進国に都合がよく、後発のグローバル・サウスの国々は貧乏クジをひいてきた。

＊

国民国家の体制は、いちじるしい格差を当然のように再生産してきた。

格差をリセットするチャンスはあるか。ある。

ひとつは、教育である。教育の本質は情報で、情報はモノにくらべて費用が安い。親の世代が十分な教育を受けていなくても、子どもの世代が教育を受けることができる。でも子どもは、それを自分で手に入れることができない。社会がそれを支援しなければ。

生成ＡＩは、質の高い教育をすべての人びとに届けるのに、有利な技術だ。

もうひとつは、核融合発電がうみだす電力である。電力はエネルギーであり、モノである。コストがかかる。でも核融合発電は、費やしたエネルギーを上回るエネルギーをうみだす仕組みである。将来を信じて投資すれば、それは返ってくる。これまでなかった技術だ。うみだした電力は、さまざまなモノに変換できる。それはグローバル・サウスの人びとの社会基盤となり、産業の土台となる。

電力が手に入ったとして、それをもとに豊かな社会をつくるには、人びとの知恵と協働が必要だ。それを、教育と生成ＡＩとが支える。グローバル・サウスにチャンスが巡ってくる。

逆に言えば、情報（教育）とエネルギー（モノ）にアクセスするこの機会を摑まない限り、人類社会の難題を解決するのはむずかしい。

＊

グローバル・ノースとグローバル・サウスの格差が、今世紀の後半までに解消に向かうのか、それはわからない。

けれども、生成ＡＩがこれからひき起こす大きな社会変化の波が、世界のビジネスに、資本主義経済に、そして人類社会に、及んでいくのは間違いない。読者の皆さんは、これからそれをまざまざと目撃することになるだろう。

あとがき

本書のタイトルは『上司がAIになりました　10年後の世界が見える未来社会学』。KADOKAWA編集部の提案だ。わかりやすい題である。

「未来社会学」。そんなものがあるのか。

あまり聞いたことがない。でも、あってもおかしくない。

＊

一九七〇年ごろ、未来学というのが流行《はや》った。アルビン・トフラーほかの本が山積みになっていた。いま思えば、根拠のないおしゃべりだった。

社会学者のダニエル・ベルは、Post-industrial Society を唱えた。脱工業化社会とか脱産業社会とか訳す。コンピュータが普及し始めていた。大学院に入りたての私は、FORTRANという言語を習って、穿孔《せんこう》機でパンチカードを一枚一枚作成し、かさばる束を抱えて大型計算機センターに運んだ。簡単なプログラムがなかなか通らなかった。パソコンの統計ソフトならワンクリック、になった。ベルが言いたかったのは、科学技術が進歩するとアメリカもソ連も似たような国になっていく、である。冷戦の終わりを予見したと言えなくもない。

一九九〇年ごろ、フランシス・フクヤマは「歴史の終わり」を唱えた。冷戦が終わって世界は平和になるだろう。でもそうはならなかった。未来を考えるのはむずかしい。

*

生成AIが出てきて人びとはギクリとした。人工知能がまた一歩、人間に近づいた。新しい技術は確実に世の中を変える。問題は、どう変えるのかということだ。

「はじめに」でも書いたが、未来は（まだ）存在しない。そんなものを科学（社会学）することができるのか。できない、ふつうの意味では。科学は、実在する対象（現象）を証拠（データ）にもとづいて研究することだからだ。

でも、「未来」はやってくる。いや、われわれがそれをつくり出す。自分の子どもたちの世代、孫たちやそのつぎの世代を信じ、彼ら彼女らのためにわれわれが行動するかぎりは。だから「未来」は存在しなければならない。

「未来（社会）学」なんていうものがあるのか。あるとすればそれは、科学から半分はみ出している。そうあればいいなという社会のビジョンでもあるからだ。建築で言えば設計図（絵に描いた餅）。実際の建築とは違う。でも設計図がなければ、実際の建築は建たない。人びとが、これからどういう社会をつくろうか迷っている。ならば、こういう社会をつくることができますよ、というビジョン（設計図）があったほうがよいではないか。その設計図は、合理的（理にかなったもの）であるとよい。合理的でないと、いくらよさそうでも、実際に建てることができない。未来（社会）学は、そうした設計図だ。誰もが未来の社会を想いえがく、スケッチの一枚だ。

だから、本書に書いてあることが、絶対そのとおりに実現します、とは言わない。未来の正しい予測になっています、とも言わない。別なふうに考えるひとがいれば、ぜひそのひとのスケッチを描いてほしい。ビジョンがたくさんあれば、われわれはそれらを比べて選ぶことができる。未来はそのぶん、豊かでよりよいものになるだろう。

＊

本書の原稿を書いたのは、二〇二四年一月。ある出版社から新書で出す予定だった。もともとの題は「生成ＡＩとビジネス革命」だ。できました。編集部に原稿を届けた。生成ＡＩに詳しい編集者が担当になった。生成ＡＩの最新の情報をもっと盛り込みましょう。いや、いっそのこと、生成ＡＩの専門家との対談本にしませんか。元の原稿ではだめらしい。仕方がないので、原稿を引き取ることにした。

原稿が浮いてしまった。どうしよう。思案のすえ、KADOKAWAの旧知の編集者・藤岡岳哉《ふじおかたけや》さんに連絡した。原稿を読んでいただけますか。いいですとも。運よく出版できることになった。担当は小川和久《おがわかずひさ》さん。アドヴァイスに従って第1章をすっきり整理し、ほかの章も少しずつ手を入れて、七月初めに完成原稿になった。原稿の細かいところまで目を通し、図版も改良するなど、てきぱき仕事を進めていただき感謝している。

編集部から提案があった。新書でなく単行本にしましょう。生成AIの話ではなく、文明論だと思うのです。それには単行本のほうがよいです。なるほど、そうします。そこで単行本にふさわしいタイトルと、デザインになった。もとの原稿に新しい生命を吹き込んで下さった、藤岡さん、小川さん、デザイナーや校閲やそのほかお力ぞえをいただいた方々に感謝したい。

＊

本書は私としては珍しく、ビジネス系の書物である。二〇一八年に開校した大学院大学至善館（日本橋《にほんばし》にある）というMBAスクールで、私も講義を担当している。同僚の皆さんや学生諸君から受けた刺戟《しげき》が、本書をうみだす養分になった。この野心的な大学の指揮をとる野田智義《のだともよし》学長、同僚の皆さん、学生諸君に感謝したい。

そして最後に、読者のあなたに感謝したい。最近は本が売れなくて、版元も書店も本の書き手も困っている。どんなにウェブやスマホが広まっても、文化の根本は書物である。その文化を共に守り育てていく活動の一員になっていただいていることを、ほんとうにありがたく思う。

二〇二四年八月

著者識

参考文献

岡野原大輔　二〇二三『大規模言語モデルは新たな知能か――ChatGPTが変えた世界』（岩波科学ライブラリー319）岩波書店
黒橋禎夫　二〇二三『[三訂版]自然言語処理』放送大学教育振興会
小澤健祐　二〇二三『生成AI導入の教科書』ワン・パブリッシング
小林雅一　二〇二三『生成AI――「ChatGPT」を支える技術はどのようにビジネスを変え、人間の創造性を揺るがすのか？』ダイヤモンド社
佐藤洸一　二〇二三『AI vs 法――世界で進むAI規制と遅れる日本』マイナビ新書
清水亮　二〇二三『教養としての生成AI』幻冬舎新書
白辺陽　二〇二三『生成AI――社会を激変させるAIの創造力』SBクリエイティブ
堤清二・橋爪大三郎（編）一九九九『選択・責任・連帯の教育改革［完全版］――学校の機能回復をめざして』勁草書房
西田宗千佳　二〇二三『生成AIの核心――「新しい知」といかに向き合うか』NHK出版新書
野田智義　二〇二三『コンテクスト・マネジメント――個を活かし、経営の質を高める』（至善館講義シリーズ）光文社
橋爪大三郎　二〇一六『戦争の社会学――はじめての軍事・戦争入門』光文社新書→二〇二三　光文社未来ライブラリー
橋爪大三郎　二〇一六『日本逆植民地計画』小学館
橋爪大三郎　二〇一七『丸山眞男の憂鬱』講談社選書メチエ
橋爪大三郎　二〇一九『小林秀雄の悲哀』講談社選書メチエ

橋爪大三郎　二〇二〇『皇国日本とアメリカ大権』筑摩選書
橋爪大三郎　二〇二〇『中国vsアメリカ』河出新書
橋爪大三郎　二〇二二『アメリカの教会』光文社新書
橋爪大三郎　二〇二三『核戦争、どうする日本？』筑摩書房
橋爪大三郎・大澤真幸　二〇一六『げんきな日本論』講談社現代新書
橋爪大三郎・大澤真幸　二〇二二『おどろきのウクライナ』集英社新書
橋爪大三郎・折木良一　二〇一八『日本人のための軍事学』角川新書
橋爪大三郎・佐藤優　二〇一五『あぶない一神教』小学館新書
橋爪大三郎・佐藤優　二〇二二『世界史の分岐点』ＳＢ新書
橋爪大三郎・中田考　二〇一八『一神教と戦争』集英社新書
増田雅史・輪千浩平（編著）　二〇二三『ゼロからわかる　生成ＡＩ法律入門』朝日新聞出版
山本康正　二〇二三『アフターＣｈａｔＧＰＴ――生成ＡＩが変えた世界の生き残り方』ＰＨＰビジネス新書
劉明福　二〇二三　峯村健司監訳・加藤嘉一訳『中国「軍事強国」への夢』文春新書
渡辺延志　二〇二二『日清・日露戦史の真実――『坂の上の雲』と日本人の歴史観』筑摩選書
Devlin, Kate 2018 *Turned On: Science, Sex and Robots*, Bloomsbury Publishing Plc　＝二〇二三　池田尽訳『ヒトは生成ＡＩとセックスできるか』新潮社
Wolfram, Stephen 2023 *What Is ChatGPT Doing...And Why Does It Work?*, Wolfram Media　＝二〇二三　稲葉通将監訳・高橋聡訳『ＣｈａｔＧＰＴの頭の中』ハヤカワ新書

橋爪大三郎（はしづめ・だいさぶろう）
1948年神奈川県生まれ。社会学者。大学院大学至善館特命教授。東京工業大学名誉教授。77年東京大学大学院社会学研究科博士課程単位取得退学。『4行でわかる世界の文明』（角川新書）、『死の講義』（ダイヤモンド社）、『はじめての構造主義』（講談社現代新書）など著書多数。共著『ふしぎなキリスト教』（講談社現代新書）が新書大賞2012を受賞。

上司《じょうし》がAI《エーアイ》になりました
10年後《ねんご》の世界《せかい》が見《み》える未来社会学《みらいしゃかいがく》

2024年10月29日　初版発行

著者／橋爪大三郎《はしづめだいさぶろう》

発行者／山下直久

発行／株式会社KADOKAWA
〒102-8177　東京都千代田区富士見2-13-3
電話 0570-002-301（ナビダイヤル）

印刷所／TOPPANクロレ株式会社
製本所／TOPPANクロレ株式会社

ISBN 978-4-04-607209-2　C0030